Was will meine Katze mir sagen?

Was will meine Katze mir sagen?

Von Helen Ann Augst

Freizeit & Hobby

humboldt-Taschenbuch 557

Die Autorin:
Helen Ann Augst lebt als selbständige Journalistin in München. Mit großem Interesse hat sie ihre eigenen Katzen sowie die ihrer Freunde und Nachbarn studiert und tierpsychologisch interpretiert. Ohne den Katzen den Ruf des Geheimnisvollen nehmen zu wollen, meint sie doch: Viel mehr ist an Katzen verstehbar, als der Laie ahnt.

Umwelthinweis: gedruckt auf chlorfrei gebleichtem Papier

7. Auflage 1997

Hinweis für den Leser:
Alle Angaben sind von Autorin und Verlag sorgfältig geprüft. Dennoch kann eine Garantie nicht übernommen werden.

Umschlaggestaltung: Wolf Brannasky, München
Umschlagfoto: Fotostudio Peter Bornemann, München
              The Image Bank, München (Fotograf: Giuseppe Molteni)
Zeichnungen: Heinz Bogner
Farbaufnahmen im Innenteil: Neumeister, Gutwein, Schinzel
Schwarzweißfotos im Innenteil haben zur Verfügung gestellt: Lutz Böhme; Gesellschaft für Europäische Kommunikation mbH/Stumpf; IVH; Meyer; Photoindustrie-Verband/Waschkowitz/Photowettbewerb »Blende '82«; tol; Verein Deutscher Katzenfreunde e.V./Stumpf.
Autorin und Verlag danken allen für die freundliche Unterstützung.

© 1987 by Humboldt-Taschenbuchverlag Jacobi KG, München
Druck: Presse-Druck Augsburg
Printed in Germany
ISBN 3-581-66557-3

7 * 97

Inhalt

Vorwort

Immer mehr Menschen entdecken ihr Herz für Katzen, sind fasziniert von diesen schönen, eleganten und intelligenten Tieren. Die meisten Katzenhalter findet man heute in den Städten. Erstaunlicherweise eignet sich gerade die Katze besonders gut für ein Leben in der Etagenwohnung, obwohl sie – bei genauer Betrachtung – das am wenigsten domestizierte Haustier ist. Katzen machen wenig Umstände, sind ruhig, sauber, eben rundum angenehme »Untermieter«. Was kann sich der Mensch mehr wünschen?

Angesichts einer sanften Schmusekatze übersieht er leider nur zu leicht, daß in dem weichen Fell eine starke, höchst eigenwillige Persönlichkeit steckt. Sie läßt sich nicht gängeln, nicht bevormunden, nicht unterwerfen wie ein Hund. Die Katze bleibt stets sie selbst, ein wenig unnahbar und geheimnisvoll. Sie führt ein ausgeprägtes Eigenleben, in das der Mensch wenig Einblick erhält. An dieser Tatsache haben sogar begeisterte Katzenfreunde oft zu »knabbern«.

Katzen sind in jeder Beziehung etwas Besonderes, darüber besteht kein Zweifel. Leider genügt es nicht, eine Katze zu lieben, um mit ihr problemlos unter einem Dach zu wohnen. Die Beziehung zu ihr funktioniert auf Dauer nur dann, wenn der Mensch das Tier versteht. Erst aus diesem Verstehen heraus gelingt es, die Katze richtig zu behandeln. Dies wiederum ist die Voraussetzung dafür, daß sie sich in menschlicher Gesellschaft wohlfühlt und selbst unter der wohnungsbedingten Einschränkung ihrer persönlichen Freiheit seelisch gesund bleibt.

Wenn ich von Verstehen spreche, dann meine ich damit nicht allein die Laut- und Körpersprache der Katze. Natürlich, auch sie will studiert sein, doch ein aufmerksamer Katzenhalter lernt seine »Vokabeln« normalerweise relativ schnell. Wer aber das *Verhalten* einer Katze verstehen will, und darauf kommt es letztendlich an, muß viel über diese Tierart wissen. Mieze ist nämlich kein modernes Produkt unserer Tage, sondern der Nachkömmling eines uralten Geschlechts. Katzen haben sich im Laufe von Jahrtausenden zu dem entwickelt, was sie heute sind. Insgesamt spielt sich lediglich ein winziger Bruchteil ihrer Geschichte in der engen Gemeinschaft mit dem Menschen ab. Da kann von einer spürbaren Prägung noch lange keine Rede sein. Das Verhalten der Katze ist nicht auf ein Wohnungsdasein abgestimmt, sondern noch immer auf das Leben in freier Natur. Allein aus diesem Blickwinkel muß alles betrachtet werden, was der Miniaturtiger tut.

Für den, der versteht, sind Katzen äußerst mitteilsame Tiere. Sie sprechen zum Menschen nicht nur mit ihrer Laut- und Körpersprache, sondern auch durch ihr Verhalten. Es sagt oft mehr als viele Worte – wenn es beachtet und richtig gedeutet wird. Damit Ihnen das als Katzenfreund beziehungsweise -freundin künftig noch besser gelingt, wurde dieses Buch geschrieben. Es enthält nicht nur die wichtigsten wissenschaftlichen Erkenntnisse aus der Verhaltensforschung, sondern auch viele persönliche Beobachtungen und Erlebnisse, die ich im Laufe meines langen Zusammenlebens mit Katzen sammeln konnte. Wenn Sie auf den folgenden Seiten Neues und Interessantes finden, wenn Sie Spaß am Lesen haben und vielleicht hinterher Ihr Haustier mit ganz anderen Augen sehen, dann geht mein Wunsch in Erfüllung.

Helen Ann Augst

Wie alles begann

Die Geschichte der Katze beginnt in grauer Vorzeit, nämlich vor etwa 50 Millionen Jahren. Damals gab es auf der Erde noch weit und breit keinen Menschen, wohl aber zahlreiche Tiere. Sie hatten zwar wenig Ähnlichkeit mit jenen von heute, waren aber nichtsdestotrotz deren Stammväter. Aus einer kleinen, wieselähnlichen Raubtierart, den *Miaciden*, entwickelten sich alle katzen- und hundeartigen Raubtiere, die wir kennen. Die erste Katze tauchte vor etwa 40 Millionen Jahren auf. Sie wird von den Wissenschaftlern *Dinictis* genannt, war etwa so groß wie ein Luchs und sah unserer Hauskatze zumindest entfernt ähnlich. Das Tier besaß allerdings ein wesentlich kleineres Gehirn und hatte lange Eckzähne. Weitere zehn Millionen Jahre dauerte es, bis aus der Familie der *Dinictis* schließlich die *Feliden* hervorgingen. Zu ihnen zählen Löwen, Tiger, Geparden, Wildkatzen usw.

Auch die Hauskatze gehört zu den *Feliden*, denn sie stammt von den Wildkatzen ab. Als Ahnfrau gilt in erster Linie die afrikanische Falbkatze. Daneben kann mit ziemlicher Sicherheit die asiatische Steppenkatze zu den Vorfahren gerechnet werden. Die europäische Waldwildkatze hat dagegen ihre Pfoten wahrscheinlich nicht im Spiel. Möglich sind höchstens Einkreuzungen, die jedoch kaum ins Gewicht fallen.

Niemand weiß genau, zu welchem Zeitpunkt und wo auf der Welt erstmals Wildkatzen für den »Hausgebrauch« gezähmt wurden. Es geschah wohl lange nach der Domestikation des Hundes, aber doch schon sehr früh in der Menschheitsgeschichte:

Als unsere Altvordern einst seßhaft wurden und damit begannen, Nahrungsmittelvorräte anzulegen, nisteten sich sofort ganze Heere von Mäusen und Ratten als Untermieter ein. Die ungebetenen Mitesser ließen sich durch keine List von den wertvollen Schätzen abhalten. Irgendwann beobachtete ein aufmerksamer Mensch, daß die kleinen Nager für Wildkatzen ein gefundenes Fressen waren. Was lag da näher, als sich solch eine lebendige Mausefalle ins Haus zu holen? Der Mensch nahm kurzerhand einer Wildkatzenmutter die Jungen weg und zog sie groß. Die Mühe lohnte sich, denn die erwachsenen Katzen reduzierten die Zahl der Räuber im Nu auf ein erträgliches Maß. Natürlich sprach sich dieser Erfolg schnell herum, und schon bald wurden allerorten Katzen zum Schutz der Vorräte eingesetzt. Die Tiere paßten sich dem Leben in menschlicher Gesellschaft an, vermehrten sich fleißig und verwandelten sich ganz langsam von Generation zu Generation immer mehr in Hauskatzen. So oder zumindest so ähnlich muß es wohl gewesen sein. Doch halten wir uns an belegbare Tatsachen: Bereits vor etwa 8000 Jahren lebten zahme Katzen im Gebiet der heutigen Türkei. Bei Ausgrabungen in Anatolien fand man Statuetten, die mit Katzen spielende Frauen darstellen. Und mindestens 7000 Jahre alt sind jordanische Felsbilder, auf denen Künstler auch Katzen verewigten.

Die Katze als Göttin

Trotz dieser frühen Funde gelten allgemein die alten Ägypter als die ersten Katzenhalter. Wahrscheinlich brachten Krieger von ihren Feldzügen gen Nubien einige Falbkatzen mit nach Hause. Sie wurden gezähmt und fortan sorgfältig gezüchtet – zunächst nicht aus Tierliebe, sondern aus rein praktischen Erwägungen: Die Ägypter hatten erkannt, daß sie ihre Kornvorräte nur mit Unterstützung der Katzen vor einer Mäuse- und Ratteninvasion bewahren konnten. Man zollte den Rettern in der Not größte Hochachtung und erhob sie schließlich sogar in den Götterstand.

Wahrhaft göttliche Zeiten genossen die ägyptischen Katzen etwa 2040 bis 1785 v. Chr. (11. bis 17. Dynastie). Die Tiere bewohnten Tempel und wurden von eigens eingestellten Katzenpriestern bedient. Selbst der Sonnengott Ra, damals einer der Obersten, trug in Darstellungen unter anderem einen Katzenkopf. Eines der Zentren des Katzenkults war Heliopolis. Hier wurde Ra angebetet, und es gab eine große Katzenstatue mit erstaunlichen Fähigkeiten: Je nach Sonnenstand erweiterten oder verengten sich die Pupillen, und einmal stündlich ließ die Statue Wasser.

Ra besaß eine Tochter namens Bastet. Sie war Mondgöttin sowie Göttin der Fruchtbarkeit und der Familie. Anfänglich hatte sie den Kopf eines Löwen, doch später wurde sie als Katze dargestellt. Ihr Tempel stand in Bubastis im östlichen Nildelta. An diesem heiligen Ort entstand ein riesiger Katzenfriedhof, wo die Ägypter ihre toten Göttertiere einmal im Jahr mit einer überaus prunkvollen Zeremonie begruben. Von überall her kamen Familien mit einbalsamierten Katzen, um sie in heilige Erde zu betten. Zum Zeichen der Trauer hatten sich die Angehörigen der Tiere die Augenbrauen abrasiert und sangen endlose Klagelieder. So manche Familie war bei der Rückkehr nach Hause so arm wie eine Kirchenmaus, doch für ein standesgemäßes Begräbnis ihrer Katze erschien kein Opfer zu groß. Im späten 19. Jahrhundert brachten Ausgrabungen in Bubastis Tausende von Katzenmumien und Milchschüsselchen zutage. 1890 beförderten Frachtschiffe die ehemaligen Götter nach Liverpool, wo man sie versteigerte. Der Käufer – ein echter Banause – ließ die Mumien zu Dünger verarbeiten.

Die Ägypter verboten es bei Todesstrafe, Katzen außer Landes zu bringen. Trotzdem wurden die Tiere natürlich über die Grenzen

muggelt und als kostbare »Wertgegenstände« an Liebhaber
r verkauft. Auch die Katzen selbst mißachteten häufig das
reiseverbot. Oft hatten Handelsschiffe vierbeinige Mäusefänger
m Schutz der Fracht an Bord, doch an fremden Ufern machten
:h die neugierigen Tiere einfach aus dem Staub. Auf leisen Sohlen
,elangten Katzen wahrscheinlich über Persien nach Indien und von
hier aus wohl sogar bis nach China und Japan. Man weiß, daß es
bereits um 1500 v. Chr. Katzen an asiatischen Kaiserhöfen gab. Ob
diese Tiere tatsächlich Abkömmlinge der Falbkatzen waren oder in
der asiatischen Wildkatze eine eigene Stammmutter hatten, ist nach
wie vor ungeklärt. Die heutige chinesische Katze zumindest sieht
der asiatischen Wildkatze sehr ähnlich: Beide haben Hängeohren.
In China heißt die Katze »Mao«. Das ist nicht nur die Nachahmung
des Katzenlautes »Miau«, sondern bedeutet auch »Korn«. Die
Katze spricht somit aus, was sie bewacht: das Korn des Landes. Die
alten Chinesen verehrten ihre Katzen als Glücksbringer und Symbol
für ein langes Leben. Für einen guten Mäusejäger bezahlte man viel
Geld, und selbstverständlich ging Mao auch in die Kunst ein. Ein
Ende fanden die glücklichen Tage der Katze mit dem Niedergang
der alten chinesischen Kultur. Die Chinesen sahen in Mao nur noch
ein Tier, das sich für den Kochtopf mästen ließ.
Auch in Japan erlebte die Katze goldene Zeiten. Ob sie ihr wirklich
gefielen, bleibt freilich dahingestellt. Etwa um 600 v. Chr. beschütz-
ten die Tiere wertvolle Schriften in den Bibliotheken vor dem
Mäusefraß und kamen nie an die frische Luft. Später hatten Katzen
ihren Platz als behütete Schmuckstücke bei Hofe. Sie wurden
verhätschelt, parfümiert und an goldenen Leinen geführt. Doch
etwa im 12. Jahrhundert n. Chr. entdeckten die Japaner das Dämo-
nische in Katzen, und damit waren die Tiere auch im »Land des
Lächelns« lange Zeit der Verfolgung ausgeliefert.
Auf europäischen Boden setzten die Katzen ihre weichen Pfoten
erstmals etwa 500 v. Chr. Die Tiere kamen zunächst nach Griechenland und dann auch nach Italien. Zu Zeiten des römischen Kaisers
Augustus (63 v. Chr. bis 14 n. Chr.) brachten syrische Mönche
einige Katzen mit nach Rom, wo sie die Salons der Reichen
schmückten. Doch schon bald erkannte man den tatsächlichen Wert
der Mäusejäger. Sogar die römischen Legionäre führten auf ihren
Kriegszügen gen Norden Katzen mit. Auf diese Weise wurde
Britannien nicht nur von den Römern, sondern gleichzeitig auch

von den Katzen erobert. Sie gelangten zunächst in Schottland zu hohen Ehren und traten von hier aus ihren Siegeszug über die ganze Insel an.

Im England des 10. Jahrhunderts waren Katzen sündhaft teuer. Sie lebten in Schlössern und bewachten die königlichen Getreidevorräte. Die Tiere standen so hoch im Kurs, daß 936 sogar das Töten einer Katze verboten wurde. Die Strafe bei Mißachtung des Gesetzes: Je nach Alter oder Wert der Katze mußte der Missetäter einige Sack Getreide beziehungsweise als Ersatz ein ungeschorenes Schaf, ein Fohlen oder ein Kalb hergeben.

Bis heute gilt die Katze in England, Schottland und Wales als Glücksbringer. Die Iren sind ebenfalls Katzenfreunde aus Tradition. Sie behaupten, als einst der heilige Patrick die Schlangen und alles giftige Ungeziefer für immer von der Insel vertrieben habe, sei eine Katze bei ihm gewesen.

Bei den Germanen auf dem Kontinent galt die Katze ebenfalls etwas. Die altgermanische Göttin Freya, Gemahlin des Sonnengottes Baldur, wurde immer in Begleitung von Katzen dargestellt. Zwei Katzen zogen ihren Wagen. Als allerdings etwa im 4. Jahrhundert die Germanen langsam christianisiert wurden, mußte die Göttin abdanken und mit ihr die Katze. Während man Freya recht schnell loswurde, blieb die Katze als heidnische Erinnerung erhalten – zum Ärger der frischgebackenen Christen. Trotzdem: Im frühen Mittelalter besannen sich die Mönche auf die Brauchbarkeit der Katzen. Sie wurden in den klösterlichen Landwirtschaften dringend im Kampf gegen Ratten und Mäuse benötigt und bewährten sich bestens. Doch alle guten Taten nützten den Katzen letztendlich nichts. In der finstersten Epoche des Mittelalters galten die Tiere wieder als Boten des Teufels – Grund genug, ihnen nach dem Leben zu trachten.

Opfer des Aberglaubens

Wohl kaum ein anderes Haustier wurde im Laufe der Jahrtausende so sehr geliebt und verehrt und dann wieder gehaßt und verdammt wie die Katze. Sie war Göttin in Ägypten, Liebling des Propheten Mohammed, Glücksbringer in China und Statussymbol für viele Europäer. In zahlreichen Kulturen der Welt sah man in der Katze ein Sinnbild für Fruchtbarkeit, Freiheit und Unabhängigkeit. Sogar in die Literatur und die Kunst gingen Katzen ein. DANTE ALIGHIERI (1265 bis 1321) soll das Sprichwort »Die Katze läßt das Mausen nicht« geprägt haben. E.T.A. HOFFMANN (1776 bis 1822) verfaßte »Lebensansichten des Katers Murr«. THEODOR STORM (1817 bis 1888), HEINRICH HEINE (1797 bis 1856), FRIEDRICH HEBBEL (1813 bis 1863) und einige andere deutsche Dichter verewigten Katzen in ihren Gedichten. Jedes Kind kennt die Märchen vom gestiefelten Kater und den Bremer Stadtmusikanten, zu denen ja auch eine Katze gehört. FRANZ MARC (1880 bis 1916) malte berühmte Katzenbilder, und auch PABLO PICASSO (1881 bis 1973) ließ sich von Katzen inspirieren.

Aber die Tiere erfuhren eben nicht nur Zustimmung. Als Aberglaube und Hexenwahn in Europa um sich griffen, blieben Katzen nicht verschont. Alles, was die Menschen bisher an ihnen bewundert hatten, – die geschmeidigen, lautlosen Bewegungen, das unergründliche Wesen, der Freiheitsdrang usw. –, wurde den Tieren nun zum Verhängnis. Solch ungewöhnliche Geschöpfe konnten einfach nur von bösen Geistern oder gar vom Satan persönlich besessen sein. Deshalb fürchtete man die Katzen und schickte sie zusammen mit den zu Hexen verdammten Frauen auf den Scheiterhaufen. Angeblich wurden innerhalb von 150 Jahren etwa 30 000 Hexen verbrannt. Es war gang und gäbe, die Haustiere der Frauen ebenfalls zu verurteilen. Selbst ein kleiner Fisch blieb da nicht ungeschoren. Der Tod für die Katze stand ohnehin von vornherein fest, sozusagen als notwendige Vorsorge. Man glaubte nämlich, daß eine zwanzigjährige Katze zur Hexe und eine hundertjährige Hexe wieder zur Katze werde.

Der Aberglaube ist ein Phänomen, das tief im Menschen wurzelt. Bis zum heutigen Tag blieb ein kleiner Rest davon erhalten. Noch immer hegen manche Leute eine Abneigung gegen schwarze Katzen, die Unglück bringen, wenn sie den Weg kreuzen.

Während die Inquisition Angst und Schrecken verbreitete, wanderten einige Katzen in die Neue Welt aus. Wahrscheinlich brachte schon Columbus den Miniaturtiger mit nach Amerika. Wie hätte er sonst die Schiffsvorräte vor den mitreisenden Ratten schützen sollen? Erstmals urkundlich erwähnt wird die Katze in Amerika um 1626. Fahrende Händler verkauften damals Katzen für gutes Geld, denn die jagdtüchtigen Tiere wurden dringend benötigt. Schließlich stand den ersten Kolonisatoren ein unermeßliches Heer kleiner, hungriger Nagetiere gegenüber. Nur mit Unterstützung der Katzen konnten die Siedler ihre Nahrungsmittel erfolgreich verteidigen.

In Europa betrachtete man die Katzen nach der Epoche des Mittelalters endlich wieder als ganz normale Tiere. Man hielt sie für nützlich – mehr freilich nicht. Die Zeiten der Verehrung waren endgültig vorbei, und zwar weltweit. Wieder einmal bewahrheitete sich die alte Regel: Alles, was im Überfluß vorhanden ist, wird für den Menschen uninteressant oder gar lästig. Und Katzen haben leider die Eigenschaft, sich stark zu vermehren. Die Auswirkungen davon können wir nach wie vor bei Reisen in südliche Länder beobachten. Dort wimmelt es von Katzen, die niemandem gehören und die sich mehr schlecht als recht durchs Leben schlagen müssen.

Zumindest in Mitteleuropa ist der soziale Abstieg der Katzen zum Glück inzwischen beendet. Nach dem zweiten Weltkrieg erreichten die Katzen zwar keinen göttlichen Status, sicherten sich aber die Zuneigung von immer mehr Menschen. In der Bundesrepublik gehören die Katzen inzwischen zu den beliebtesten Haustieren; etwa 3,6 Millionen sind von der Statistik erfaßt, doppelt soviel wie vor 20 Jahren. Jagd auf Mäuse betreiben die meisten Katzen höchstens noch hobbymäßig. Die Katze hat nämlich heute eine neue, zeitgemäße Aufgabe – als Gesellschafterin des Menschen.

Möglich wurde diese steile Karriere, weil Katzen ideale Wohnungsgenossen sind: zufrieden selbst mit wenigen Quadratmetern Revier und so ruhig, daß weder Nachbarn noch ein kritischer Hauswirt Grund zur Klage haben. Bereitwillig fügen sich Katzen in die verschiedensten Rollen, bewähren sich als Spielkamerad, Schmusetier, Kind- oder Partnerersatz und manches mehr.

Doch selbst die so enge Gemeinschaft mit dem Menschen hat die Katze in ihrem Wesen und Verhalten kaum verändert. Sie ist noch immer eine selbständige, eigenwillige Persönlichkeit, geprägt von Jahrtausenden, in denen das Tier meist völlig auf sich allein gestellt war. Körperbau und Sinne würden es der Katze nach wie vor erlauben, ihren Lebensunterhalt selbst zu bestreiten – theoretisch freilich: Ein ausgewachsenes Tier braucht pro Tag zwischen 10 und 16 gesunde Mäuse, und so viele Nager kann nicht einmal ein Bauernhof bieten. Doch davon ahnt die Katze nichts. Sie lebt in der instinktiven Gewißheit, notfalls auf den Menschen verzichten zu können. Und das beeinflußt ihr ganzes Verhalten.

Die Katze im Detail

Körperbau

Der Körper der Katze gleicht einer Präzisionsmaschine. Das Skelett besteht aus etwa 240 Knochen und besitzt eine unvergleichliche Elastizität. Das Rückgrat kann sich in sämtliche Richtungen bewegen, was der Schwanz als Ausläufer bestens dokumentiert. Die Vorderbeine sind nicht fest mit der Schulter verbunden. Sie lassen sich deshalb ohne Verrenkungen beliebig drehen und können einen Sprung auch aus großer Höhe gut abfangen. Verbunden sind die Knochen mit über 500 Muskeln. Die stärksten sitzen in der Lendengegend, in den Hinterbeinen, an den Schultern und am Hals.

Die Gelenkigkeit einer Katze ist sprichwörtlich. Der Volksmund behauptet, das Tier falle immer auf die Pfoten, und das stimmt auch mit wenigen Ausnahmen. Eine abstürzende Katze dreht den Körper im Fallen so, daß die Beine nach unten zeigen und den Aufprall am Boden abfangen können. Der Schwanz wird bei diesem akrobatischen Kunststück als Steuer benutzt. Verletzungen der Gliedmaßen sind bei einem solchen Unfall relativ selten. Mein Kater fiel in jungen Jahren aus einem Fenster im vierten Stock auf eine Wiese und trug lediglich einige Prellungen davon. Böse wäre dagegen ein Sturz auf Beton oder Steine ausgegangen. Die Katze kann nämlich nicht verhindern, daß ihr Kopf beim Aufprall auf den Boden schlägt. Dadurch entstehen dann Kieferbrüche sowie Nasen- und Gaumenverletzungen.

Sämtliche Körperteile der Katze sind perfekt aufeinander abgestimmt und ermöglichen so die typisch katzenartigen und unendlich harmonischen Bewegungsabläufe: Fast träges Dahinschreiten mündet in flotten Trab, der schließlich – wenn nötig – in Galopp übergeht. Normalerweise läuft die Katze im *Paßgang*. Das heißt, sie setzt jeweils die beiden linken und rechten Beine in gleicher Rich-

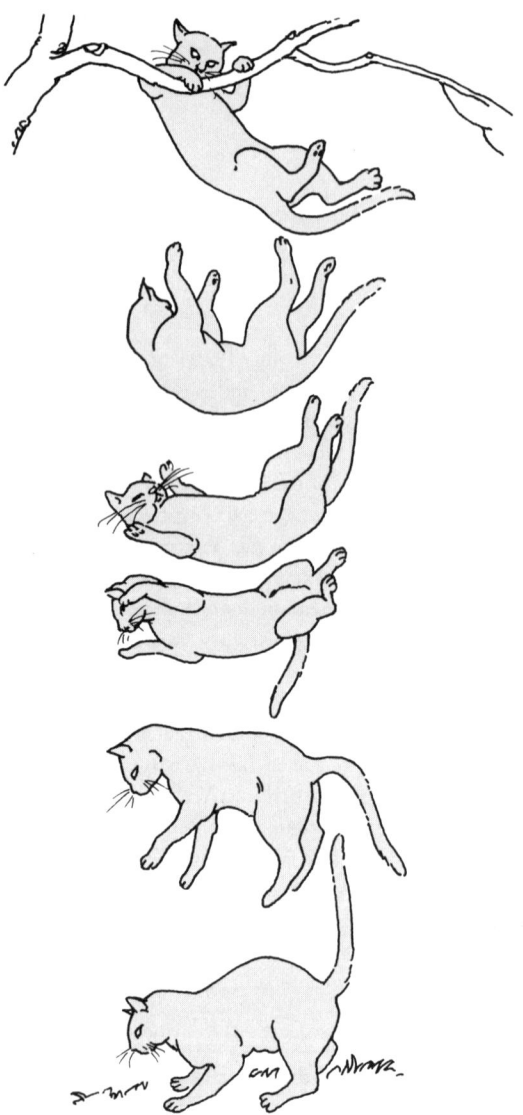

Abb. 1: Eine abstürzende Katze dreht sich im Fallen so geschickt, daß sie mit den Beinen auf dem Boden aufkommt. Der Schwanz wird als Steuer verwendet.

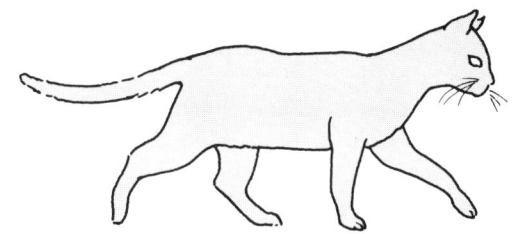

Paßgang

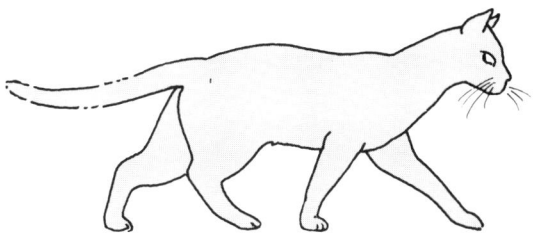

Kreuzgang

Abb. 2: Die Katze kann sich im Paßgang und im Kreuzgang bewegen.

tung. Beim Anschleichen in geduckter Haltung wird der *Kreuzgang* angewendet. Dabei setzt die Katze beispielsweise die linke Vorderpfote vor, die rechte Vorderpfote zurück, die rechte Hinterpfote vor und die linke Hinterpfote zurück – alles natürlich im Wechsel. Der Kreuzgang kann immer wieder in den Paßgang übergehen und umgekehrt.

Die Katze ist nicht als Langstreckenläuferin konzipiert, sie erreicht jedoch bei kurzen Sprints Geschwindigkeiten bis 50 km/h. In Gefahrensituationen erklimmt sie wieselflink den nächsten Baum, ohne dabei jemals unelegant zu wirken. Einmalige Körperbeherrschung zeigt die Katze auch auf der Jagd. Bewegungslos lauert das Tier gern stundenlang vor einem Mauseloch. Läßt sich die Bewohnerin endlich sehen, erreicht die Katze ihre Beute mit einem kraftvollen Sprung und packt zu. Die starken Muskeln an den Hinterbeinen erlauben es dem Tier, mit einem Satz etwa das Fünfzehnfache der eigenen Körperlänge zu überwinden oder bis zu drei Metern hoch zu springen. Als Leisetreter tritt die Katze nur mit ihren weich gepolsterten Zehen auf und zieht dabei die Krallen ein. Dadurch kann sie sich völlig lautlos bewegen – ein ungeheurer Vorteil beim Anschleichen auf der Jagd. Die Krallen haben drei Funktionen: Sie machen die Pfoten zu gefährlichen Waffen im Kampf, halten ein Beutetier sicher fest und ermöglichen der Katze das Klettern. Bei Bedarf werden die Krallen instinktiv ausgefahren und nach Gebrauch wieder eingezogen. So nutzen sich die kleinen, nadelspitzen Dolche nie unnötig ab. Durch regelmäßiges Wetzen an Bäumen oder am heimischen Sofa hält Mieze ihre Waffen scharf und jederzeit einsatzbereit.

Das Raubtier Katze benötigt ein starkes Gebiß. 30 Zähne stehen ihm zur Verfügung, 16 im Ober- und 14 im Unterkiefer. Die vier gebogenen, alle anderen Zähne überragenden Eckzähne dienen zum Fassen und Töten der Beute. Im Gegensatz zum Hund schlingt die Katze ihre Mahlzeit jedoch nicht hastig hinunter, sondern zerlegt sie mit Hilfe der Backenzähne in maul- und magengerechte Brocken. Da die Katze ihren Unterkiefer kaum verschieben kann, dreht sie beim Kauen den Kopf mal nach links, mal nach rechts. Die Backenzähne können auch kleine Knochen brechen. Mit den winzigen Schneidezähnen werden noch die letzten Fleischreste von starken Knochen geschabt. Das gesamte Gebiß ist nicht fürs zermahlende Kauen ausgelegt. Das heißt, die Katze verzehrt naturgemäß keinen Brei, sondern schluckt relativ große Stücke. Dies sollten Katzenhalter bei der Zusammenstellung des Speisezettels für ihren Vierbeiner unbedingt berücksichtigen.

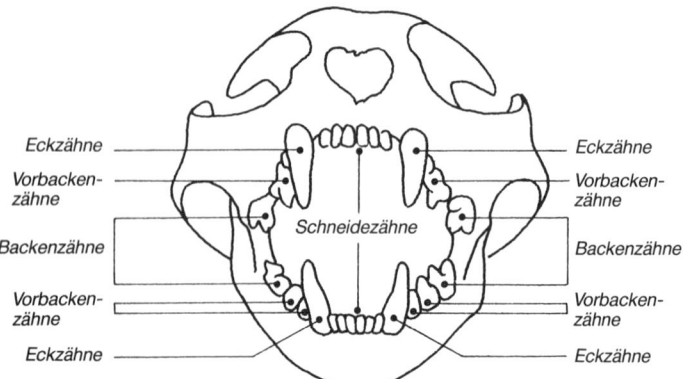

Abb. 3: Das Gebiß der Katze besteht aus 30 Zähnen und ist nicht fürs zermahlende Kauen ausgelegt.

Auch von der äußeren Ausstattung her eignen sich Katzen bestens für ein Leben im Freien. Der »Pelzmantel« wird ständig von zahlreichen Talgdrüsen gefettet und ist deshalb wasserabstoßend, geschmeidig und widerstandsfähig. Das Fell setzt sich aus verschiedenen Haarsorten zusammen. Das Oberhaar ist von kurzer, flockiger Wolle unterfüttert. Diese Unterwolle sorgt für die Wärmeregulierung und paßt sich den klimatischen Bedingungen an. Eine Katze, die sich nur mal zwischendurch die Pfoten vor der Tür vertritt und sonst hinterm warmen Ofen liegt, kommt mit einer dünnen Unterwolle aus. Die Streunerin dagegen braucht einen dicken Schutz. Generell ist die Unterwolle natürlich im Sommer dünner als im Winter.

Keine Katze mag es, wenn man sie gegen den Strich streichelt. Alle Haare stecken so in der Wurzel, daß sie am Körper nach hinten beziehungsweise am Hals und an den Pfoten von oben nach unten zeigen. Das ist kein Zufall, sondern von der Natur wohl durchdacht: Wasser kann so auf dem Fell ungehindert ablaufen, und die Katze wird bei einem Regenguß nicht so schnell pitschnaß. Im freien Gelände erlaubt der Fellstrich ein ungebremstes Durchschlüpfen durch Gestrüpp, enge Durchgänge usw., wobei sich Kletten, Zweige oder ähnliches nicht so leicht verhaken können.

Leider muß gesagt werden, daß längst nicht mehr alle Katzen ein solch perfektes Haarkleid tragen. Die normalen Hauskatzen sind hier fein raus. Bei einigen adeligen Verwandten dagegen wurde die Schutzfunktion des Felles durch die Zucht wesentlich verschlechtert. So sind beispielsweise Siamkatzen, Rexkatzen und Langhaarkatzen bedeutend kälteempfindlicher als Tiere ohne Stammbaum.

Innere Organe

Das »Innenleben« der Katze soll hier nur am Rande erwähnt werden. Die Art der inneren Organe ist dieselbe wie bei allen anderen Säugetieren einschließlich dem Menschen. Interessant sind aber beispielsweise die Drüsen, denn sie beeinflussen das Verhalten der Katze.

Immer wieder wird behauptet, Katzen besäßen keine Schweißdrüsen. Tatsächlich aber sind, wenn auch nicht am ganzen Körper, so doch an bestimmten Stellen Schweißdrüsen vorhanden: an den Wangen, am Kinn, zwischen den Sohlen- und Zehenballen, oben an der Schwanzwurzel, rund um die Zitzen des Weibchens und in der

Analregion. Zwar schwitzen sich Katzen nicht naß wie wir Menschen, und die Drüsen regulieren auch nicht in dem Maß die Körpertemperatur. Sie verursachen jedoch einen bestimmten, individuellen Körpergeruch, der nur von feinen Tiernasen wahrgenommen wird.

Bis heute weiß man nicht genau, welchen Sinn diese Düfte haben. Es scheint sich jedoch um eine Art Markenzeichen zu handeln. Festgestellt wurde, daß sich Katzen am Wangengeruch erkennen. Der Verhaltensforscher PROF. DR. PAUL LEYHAUSEN geht davon aus, daß bei sozialen Kontakten zwischen Katzen der Körpergeruch übertragen und so ein Gruppengeruch erzeugt wird. Vielleicht will die Katze auch beim typischen Schmuseverhalten ihren Duft verbreiten. Das Entlangstreifen und Köpfchengeben an Gegenständen könnte dazu beitragen. An einem Zaunpfahl oder ähnlichem bleibt der Geruch nachweislich tagelang haften, denn der Pfahl wird von zufällig vorbeikommenden Katzen ausgiebig beschnuppert. Sie stellen dabei nicht nur fest, daß eine Artgenossin hier ihre »Visitenkarte« hinterließ, sondern riechen auch, ob es eine bekannte oder eine fremde Katze war.

Das einzige Sekret einer Duftdrüse, das Menschennasen unangenehm auffällt, stammt aus den Analbeuteln. Kater markieren ihr Revier, indem sie dem Urinstrahl diesen Duftstoff beimischen. Mit hochgereckten Hinterbeinen bespritzt das Tier alle möglichen Gegenstände, wobei der Schwanz steif und zitternd in die Höhe steht. Im Freien verschwindet der Geruch erst nach über zwei Wochen, in geschlossenen Räumen nahezu gar nicht mehr. Mag es uns Menschen auch stinken, Kater lieben ihr eigenes Parfum. Sie reiben oft die Backen an den besprühten Stellen – vielleicht deshalb, damit bei einer Begegnung unter Katern der Rivale den Duft schon von weitem riecht.

Die Verdauungsorgane beweisen, daß die Katze ein Fleischfresser ist. Sie braucht zwar auch pflanzliche Kost, doch zum Vegetarier taugt sie nicht. Der rohrförmige Magen ist wie ein U gebogen und im Sättigungszustand etwa so groß wie eine Faust. Also sollte die Katze am Tag etwa eine »Faust-Menge« fressen. Der Magen produziert so scharfe Verdauungssäfte, daß Milch sofort gerinnt. Geronnene Milch wird schwer verdaut, deshalb sollte man Katzen besser nur Wasser zum Trinken geben. Als Fleischfresser besitzt die Katze noch immer einen relativ kurzen Darm von 1 bis 1,5 Meter Länge.

Trotzdem ist er bereits etwas länger als bei wildlebenden Verwandten. Die Domestikation mit ihrem veränderten und kohlenhydratreicheren Nahrungsangebot macht sich eben doch bemerkbar. Der Blinddarm der Katze mißt übrigens nur zwei bis vier Zentimeter, während Pflanzenfresser mit überdimensionalem Blinddarm ausgestattet sind.

Das Gehirn der Katze wiegt zwischen 26 und 32 g und macht damit rund ein Prozent des Körpergewichts aus. Zum Vergleich: Ein Mensch hat rund 1300 g »Schmalz« im Kopf, was etwa zwei Prozent des normalen Körpergewichts entspricht. Abgesehen von diesem gewichtlichen Unterschied sind sich Katzen- und Menschenhirn ähnlich. Zwar besitzt unser Gehirn im entwicklungsgeschichtlich jüngeren Teil größere Stirnlappen, mehr Raum für Gedächtniszuordnung und ein besser ausgestattetes Sprachzentrum. Doch die evolutionshistorisch älteren Gehirnteile unter der großen zweilappigen Struktur sind bei Mensch und Katze nahezu gleich. Bei beiden koordiniert das Kleinhirn am Hinterkopf Bewegungen, Haltung und Balance. Tief unter der Hirnrinde sitzt das Gefühlszentrum. Wissenschaftler haben herausgefunden, daß Menschen und Katzen ganz ähnlich fühlen.

Die Sinne der Katze

Die Katze ist im besten Sinne des Wortes ein sinn-liches Wesen. Sie hat sieben Sinne zur Verfügung: Gesichtssinn, Gehörsinn, Tastsinn, Geruchssinn, Geschmackssinn, Gleichgewichtssinn und Zeitsinn. Begeisterte Katzenfreunde beschwören außerdem, daß ihr vierbeiniger Liebling einen achten Sinn besitze. Er entspricht dem sechsten Sinn beim Menschen, läßt sich ebensowenig wissenschaftlich beweisen und ist doch mit größter Wahrscheinlichkeit vorhanden.

Gesichtssinn

Wichtigstes Sinnesorgan der Katze sind die Augen, denn sie werden zur Jagd benötigt. Mieze verfolgt nämlich nicht wie ein Hund riechend die Spur eines Beutetiers, sondern frönt der Jagdleidenschaft sozusagen aus dem Stand. Die Katze beobachtet ihre Umgebung und registriert dabei die kleinste Bewegung. Statisches dagegen ist grundsätzlich uninteressant. Das heißt: Eine Maus, die sich ruhig verhält, wird nicht als Beute erkannt. Das durchaus gebräuchliche Totstellen bei kleinen Tieren, die eine Gefahr erkennen, kann also lebensrettend sein.

Bei Tag sieht die Katze mit ziemlicher Sicherheit nicht besser als der Mensch. In der Dämmerung, wenn die Jagdzeit beginnt, zeigen sich Katzenaugen den menschlichen jedoch haushoch überlegen. Wenn wir Zweibeiner längst völlig im Dunkeln tappen, sieht die Katze noch immer ausgezeichnet. Ihre Augen nutzen selbst das geringste Restlicht und sind erst in totaler Finsternis außer Gefecht. Aber unter natürlichen Bedingungen ist es für eine Katze nie zu dunkel. Katzenaugen erscheinen geheimnisvoll und faszinierend. Dieser Eindruck entsteht auf Grund einiger anatomischer Besonderheiten: Das Auge der Katze ist, bezogen auf die Körpergröße und im Vergleich zum menschlichen Auge, relativ groß und wirkt seltsam starr. Der Augapfel wird nämlich kaum bewegt. Will die Katze ihre Blickrichtung auch nur unwesentlich ändern, dreht sie den Kopf und nicht das Auge. Außerdem hat die Katze keinen ständigen Lidschlag, und das macht ihren Blick so ruhig und überlegen.

Noch etwas ist für uns Menschen ungewöhnlich: Wir sind an runde Pupillen gewöhnt, doch die Pupillen der Katze bilden bei hellem Licht senkrechte, schmale Schlitze. Erst bei abnehmender Helligkeit weiten sie sich bis zu einem großen Kreis. In Bruchteilen von Sekunden reagiert diese »Blendenautomatik« auf wechselnden Lichteinfall.

Die Augen einer Katze

 bei hellem Licht

 in der Dunkelheit

Abb. 4: Bei hellem Licht bilden die Pupillen der Katze senkrechte, schmale Schlitze. In der Dunkelheit weiten sie sich zu einem großen Kreis.

Eine Begegnung der unheimlichen Art gibt es manchmal bei Nacht: Man sieht plötzlich zwei glühende Punkte im Gebüsch, sonst nichts. Es handelt sich dabei jedoch um keine Geistererscheinung, sondern lediglich um die Augen einer Katze. Eine spezielle Zellschicht im Augenhintergrund bewirkt unter bestimmten Voraussetzungen das grüne Leuchten in der Dunkelheit.

Wenn junge Hauskatzen ihre Augen öffnen, sind sie himmelblau. Im Laufe der folgenden Monate nimmt die Iris dann eine andere Farbe an. Die endgültige Färbung ist erst mit etwa zwei Jahren erreicht – meist gelb oder gelbgrün, bei Rassetieren auch orange, kupferfarben, braun oder blau. Hoher Adel kann sogar zweifarbige Augen haben.

25

Lange stritten sich Fachleute darüber, ob Katzen Farben sehen. Neueste Untersuchungen haben nun erwiesen, daß die Netzhaut des Katzenauges (genau wie die des Menschenauges) Stäbchen für das Schwarzweißsehen und Zäpfchen für das Farbsehen enthält. Farbtests zeigten ebenfalls, daß die Welt für die Katze bunt ist. Ihre Lieblingsfarbe soll Rot sein. Unsere Tiere waren dann wohl allesamt Ausnahmen. Sie bevorzugten grundsätzlich das Schlafkissen mit weißem Überzug.

Im Alter geht es den Katzen wie den Menschen: Das Sehvermögen läßt nach. Die Katze wird normalerweise weitsichtig. Das erkennt man daran, daß sie sich immer erst auf einen bestimmten Abstand bringt, wenn sie etwas beobachten will. Falls die Augen irgendwann ganz den Dienst versagen, fällt das kaum auf. Die Katze verläßt sich nun auf ihre Ohren und den Tastsinn – und kann so sogar noch immer jagen.

Gehörsinn

Die Katze hört um vieles besser als der Mensch und wohl keinesfalls schlechter als der Hund. Für ihren Lebensstil ist dies zwingend erforderlich: Um in der Dämmerung und nachts erfolgreich zu jagen, muß sie nämlich nicht nur gut sehen, sondern auch ausgezeichnet hören. Sie nimmt selbst auf größere Entfernung noch winzige Geräusche wahr – das Trippeln von Mäusepfoten auf dem Boden, das leise Piepsen junger Mäuse im Nest in 15 bis 20 m Distanz. Die Ohren sind wahre Schalltrichter, denen nichts verborgen bleibt. Sie lassen sich getrennt voneinander in jede Richtung drehen und fangen selbst in – für menschliche Verhältnisse – absoluter Stille noch zahllose Informationen auf. Verständlich, daß ein Tier mit solch empfindlichem Gehör Lärm jeder Art nicht ausstehen kann. Deshalb geht die Katze beispielsweise auch Menschen mit lauter oder schriller Stimme tunlichst aus dem Weg.

In vielen Fällen kann die Katze mit Hilfe ihrer Ohren Ereignisse »vorhersehen«. So erlauscht sie, wann ihr Frauchen oder Herrchen nach Hause kommt, weil sie seine Schritte auf der Treppe von denen sämtlicher Nachbarn unterscheidet. Oder weil sie aus zig Motoren vor dem Haus selbst dann das Auto »ihres« Freundes heraushört, wenn mehrere gleiche Modelle vorfahren.

Taubheit trifft man als Erbfehler relativ häufig bei Katzen mit blauen Augen. Ansonsten verringert sich das Hörvermögen – wenn überhaupt – erst im Alter. Dann bleiben der Katze noch immer Augen und Tastsinn, um sich zu orientieren. Und sollte sie taub und gleichzeitig blind sein, führt sie allein mit Hilfe des Tastsinns noch immer ein fröhliches Leben.

Tastsinn

Möglicherweise verläßt sich die Katze auf ihren Tastsinn noch viel mehr als auf Augen und Ohren. Tasthaare sitzen an der Oberlippe, an den Backen, am Kinn, über den Augen, an den Unterarmen und an der Innenseite der vorderen Fußwurzeln. Mit diesen Sensoren bewegt sich die Katze in stockfinsterer Nacht schlafwandlerisch sicher, ohne jemals irgendwo anzustoßen. Das perfekte »Radar-System« meldet Gegenstände schon auf eine gewisse Distanz.

Der stattliche Schnurrbart kann angelegt und aufgefächert werden und ist dann etwa so ausladend wie ein erwachsenes, normal genährtes Tier breit. Paßt der gespreizte Bart ohne Berührung durch einen Zwischenraum, kann der ganze Katzenkörper beruhigt folgen. Der »Zollstock« irrt sich nie, doch die Katze muß lernen, mit ihm umzugehen. Nur unerfahrene Tiere bleiben beispielsweise zwischen den Stangen eines Geländers stecken, weil die Meldung des Schnurrbarts nicht beachtet wurde.

Auch bei der Jagd ist der Schnurrbart unentbehrlich. Die Katze scheint ihre Beute zu sehen, zu hören und zusätzlich mit dem Tastsinn zu orten. Im Test gelang es einer Katze noch mit verbundenen Augen, eine Maus zu fangen. Beim Anschneiden der Beute leistet der Schnurrbart wiederum Hilfestellung. Die Katze tastet ihren Leckerbissen ab und erfährt so die Fellrichtung. Eine Maus oder ähnliches Kleingetier wird immer nur vom Kopf her gefressen. Andersherum würde der Brocken schwer rutschen. Ein Versuch zeigt, daß die Katze sich nicht täuschen läßt. Man trennte einer toten Maus den Kopf ab und nähte ihn am Hinterteil fest. Die Katze erkannte den Schwindel sofort und begann ihre Mahlzeit auf der richtigen Seite – dort, wo der Kopf normalerweise sitzt.

Beim neugierigen Untersuchen von Gegenständen und bei sozialen Kontakten ist der Tastsinn ebenfalls von großer Bedeutung. Die Katze tastet mit ihren Barthaaren ganz leicht über eine Fläche oder die Hand eines Menschen und besorgt sich auf diese Weise wichtige Informationen. Getastet wird außerdem mit den Pfoten, ganz sanft und zart. Wenn die Katze so Kontakt zum Menschen sucht, ist dies ein Freundschaftsbeweis. Sie will dabei nicht nur selbst fühlen, sondern auch gefühlt werden. Ihr Bedürfnis nach Geben und Nehmen wird besonders deutlich, wenn man sie streichelt. Auch die Fellhaare sind Tastorgane, deren liebevolle Berührung bei der Katze ein Wohlgefühl auslöst. Sie drückt sich gegen die Hand und zeigt damit die eigene Zuneigung.

Wirklich lebensunfähig wird die Katze nicht durch den Verlust des Seh- und Hörvermögens, sondern erst, wenn der Tastsinn ausfällt. Tieren, denen zu Versuchszwecken die Tasthaare abgeschnitten wurden, waren völlig hilflos und verwirrt. Sie verloren jegliche Orientierung und sogar das Gefühl für Gleichgewicht. Erst mit dem Nachwachsen der Haare trat wieder der Normalzustand ein.

> Unser Kater Peter kam den Herdflammen beim »Topfgucken« zu nahe, so daß sich der Schnurrbart auf halber Länge zu Dauerwellen kräuselte. Bis zum Nachwachsen wagte Peter keine Sprünge und bewegte sich selbst in vertrauter Umgebung unsicher.

Geruchssinn

Wie gut eine Katze riecht, darüber herrscht unter Gelehrten noch immer Unklarheit. Tatsache ist, daß die Nase bei der Jagd keine Rolle spielt. Die Katze hört und sieht ihre Beute und braucht sie somit nicht auf große Entfernung zu wittern. Das zierliche Stupsnäschen kann keine Leistung wie etwa eine große Hundenase bringen, ist jedoch für den Bedarf einer Katze völlig ausreichend dimensioniert. Der Geruchssinn wird beispielsweise beim Kennenlernen benötigt, wenn die Katze die »Visitenkarte« einer Kollegin in deren Analgegend beschnuppert. Im sexuellen Bereich und bei der Revierfestlegung spielen Düfte ebenfalls eine wesentliche Rolle. »Ihren« Menschen erkennt die Katze sicherlich auch am vertrauten Geruch. Manche Düfte wie etwa Baldrian, Katzenminze oder gewisse Parfums versetzen sie vor Wonne in Ekstase, andere werden verabscheut. Wenn Katzen etwas Interessantes riechen, beben die Nasenflügel, und es kommt zum sogenannten *Flehmen:* Das Maul ist leicht geöffnet, die Oberlippe etwas hochgezogen. So zieht die Katze den Duft nicht nur mit der Nase, sondern – noch intensiver – zusätzlich mit dem Maul ein. Die dabei genutzten Geruchskanäle sitzen an der Gaumenplatte, gleich hinter den oberen Schneidezähnen. Dieses zweite Riechorgan haben viele Säugetiere, doch Affen und Menschen ging es im Laufe ihrer Entwicklung verloren.

Geschmackssinn

Jeder Katzenhalter weiß es aus Erfahrung: Der Minitiger ist wählerisch, wenn es ums Futter geht. Sein ausgeprägter Geschmackssinn macht ihn zum Feinschmecker, und der gebräuchliche Ausdruck »Naschkatze« kommt nicht von ungefähr. Manche Speisen werden bevorzugt und mit sichtlichem Genuß gefressen, andere als Zumutung abgelehnt. Selbst eine Stubenkatze, die keine Mäuse zur Selbsternährung fangen kann, tritt für schmackhafteres Futter jederzeit in den Hungerstreik. Natürlich liebt die Katze Fleisch, doch es ist durchaus nicht egal, welche Sorte im Napf liegt. Der Mensch lernt die speziellen Vorlieben bald kennen. Auf alle Fälle muß das Fleisch frisch sein, denn die Katze rührt – im Gegensatz zum Hund – schon leicht Verdorbenes nicht mehr an.

Gleichgewichtssinn

Katzen sind kleine Akrobaten und dabei völlig schwindelfrei. Sie balancieren, ohne zu schwanken, von einer Zaunlatte zur nächsten, überqueren einen Bach auf einem dünnen Ast, erklimmen behende die Krone eines hohen Baumes oder gehen – zum Entsetzen des Menschen – sorglos in der Dachrinne des Hauses spazieren. Notfalls wird auf der schmalen Unterlage sogar umgedreht, oder die Katze geht einfach rückwärts. Solche Kunststücke müssen in der Jugend allerdings mühsam erlernt werden. Eine Katzenmutter, die ihre Jungen lange genug behalten darf, bringt ihnen die Grundlagen bei. Und dann heißt es üben, üben, üben. Zehnmal und mehr fällt ein Kätzchen vom Zaun und klettert unbeirrt wieder hoch zu einem neuen Versuch.

Besonders schwierig ist das Klettern auf einen Baum. Rauf stellt sich der Erfolg recht schnell ein, doch wie soll man wieder runter? Junge Katzen versuchen es zuerst immer mit dem Kopf voraus, und das geht nicht. Der »Lehrling« muß lernen, den Stamm rückwärts hinunterzuklettern – so weit, bis der Sprung zum Boden ohne Risiko möglich ist. Wohl jeder Katzenhalter steigt unter Umständen mehrmals selbst auf eine Leiter, um sein unerfahrenes Haustier aus luftiger Höhe zu retten.

Balanceakte wagen normalerweise nur gesunde Katzen im besten Alter. Hochbetagte Tiere verlieren oft ihre Sicherheit. Auch Schwergewichtler oder rheumatische Katzen sollte man keiner Situation aussetzen, in der es unbedingt aufs Gleichgewicht ankommt. Wenn eine gesunde Katze beim Spaziergang in der Dachrinne abstürzt, dann muß das kein Versagen des Gleichgewichtssinns bedeuten. Auch wird eine Katze niemals freiwillig aus einer Höhe springen, die sie nicht abschätzen kann. Das Tier hat im genannten Fall wahrscheinlich lediglich für einen kleinen Moment die eigene Lage vergessen. Der Grund: Ein Vogel flog so nah vorbei, daß ihn die Katze mit einem gezielten Prankenschlag erreichen wollte. Und dieses Jagdfieber brachte sie zu Fall.

Zeitsinn

Viele Säugetiere – Haus- wie auch Wildtiere – leben nach einer »inneren Uhr«. Der Mensch besitzt sie ebenfalls, doch bringt er sie häufig aus dem Takt. Die »innere Uhr« der Katze dagegen funktioniert, durch Erfahrung eingestellt, fortan fast minutengenau. Mieze erwartet, daß ihr Futter pünktlich serviert wird und protestiert lautstark, wenn der Mensch diesen wichtigen Termin überzieht. Der Tagesablauf einer Katze ist exakt eingeteilt in Schlafen, Streunen, Spielen und Fressen (siehe Seite 113 ff.). Abweichungen sind gering und werden meist durch Störungen von außen verursacht.

Ihre »innere Uhr« registriert auch den Tagesablauf der Familie. Abwesenheiten der Menschen, Mahlzeiten, Mittagsschlaf von Frauchen usw., alles ist gespeichert. Die Katze weiß genau, wann Herrchen abends vom Büro nach Hause kommt und erwartet ihn wahrscheinlich auch am Wochenende pünktlich an der Tür. Für eine Katze hat das Jahr eben 365 gleiche Tage, und Änderungen im Zeitplan sind nicht vorgesehen.

Der achte Sinn

Immer wieder werden der Katze übersinnliche Fähigkeiten nachgesagt. Katzen ahnen angeblich das Verhalten und die Reaktionen von Menschen sowie drohende Naturkatastrophen voraus. Dafür dürfte es jedoch durchaus natürliche Erklärungen geben. Eine davon ist die »innere Uhr«. Sie läßt die Katze beispielsweise scheinbar grundlos aus tiefem Schlaf erwachen und zur Tür gehen. Tatsächlich tritt kurz darauf der erwartete Mensch ins Zimmer – wie jeden Tag um diese Zeit. Eine Katze »spürt« wohl auch nicht, daß ihre Familie in Urlaub fährt. Das Tier hat vielmehr aus Erfahrung gelernt, Reisevorbereitungen zu deuten. Das Kofferpacken wird völlig richtig mit Alleinbleiben verbunden.

Naturkatastrophen brechen nie aus heiterem Himmel herein, selbst wenn es uns Menschen so erscheint. Erdbeben, Vulkanausbrüche, Flutwellen usw. schicken mit Sicherheit Anzeichen voraus, die wir nur nicht registrieren. Katzen jedoch leben noch viel naturverbundener und reagieren deshalb auf winzige Erschütterungen und ähnliches. Der Instinkt sagt dann: »Gefahr im Verzug, nichts wie weg.« Andererseits sind bei Katzen wie bei Hunden Fälle von Vorahnungen bekannt, für die es keine vernünftige Erklärung gibt. Tiere warnen ihre zweibeinigen Freunde direkt vor einem drohenden Verkehrsunfall oder vor einer Explosion. Die Katze »weiß«, daß ihr Mensch am Abend nicht, wie sonst üblich, heimkommt, und bleibt ebenfalls weg. Ähnliche Beispiele kann so ziemlich jeder Katzenhalter beisteuern.

Ebenfalls ungeklärt ist bislang das verblüffende Heimfindevermögen der Katzen. Es kursieren rührende Geschichten von Katzen, die nach einem Umzug Hunderte von Kilometern in die alte Heimat zurückgelaufen sind. Die Wissenschaftler bieten dafür immer wieder eine Theorie, doch endgültig bewiesen wurde bisher keine.

Der sechste Sinn des Menschen und der achte Sinn der Katze lassen sich kaum wegdiskutieren. Das Vorausahnen beruht jedoch nicht auf Hellseherei, sondern auf der Fähigkeit, minimale Zeichen richtig zu deuten und dem Instinkt bedingungslos zu folgen. Die Katze tut es, denn ihr steht kein Verstand im Weg. Wir Menschen dagegen handeln häufig zu sehr mit dem Kopf und lassen unsere »innere Stimme« unbeachtet.

Instinkt und Intelligenz

Allen Säugetieren sind bestimmte, der Art entsprechende Fähigkeiten angeboren. Die Katze frißt, trinkt, schläft, putzt sich, jagt, liebt – um nur einiges zu nennen – nicht aus Überlegung, sondern folgt einem inneren Trieb. Dieser Trieb ist der von der Natur mitgegebene Instinkt. Er funktioniert von der ersten Lebensminute an. Schon das neugeborene Kätzchen »weiß«, daß es Nahrung zu sich nehmen muß. Es findet sogar die Milchquelle und beherrscht das Saugen sofort.

Damit es zu einer Instinkthandlung kommt, ist normalerweise ein Auslöser erforderlich, ein sogenannter *Schlüsselreiz.* Gerüche, Geräusche, Bewegungen, Berührungen usw. können solche Schlüsselreize sein. Das »Parfum« einer rolligen Kätzin versetzt den Kater in Liebestaumel. Das Streicheln des Fells löst bei der Katze ein Wohlbefinden aus, das sich in behaglichem Schnurren äußert. Ein wegrollender Ball oder ein kleines davonrennendes Tier wecken den Jagdtrieb. Zu letzterem gibt es einen anschaulichen Versuch:

> Man brachte eine Katze, die nie im Leben eine Maus oder ein anderes Beutetier gesehen hatte, mit weißen Mäusen zusammen. Nachdem beide Parteien den ersten Schreck überwunden hatten, verlor die Katze das Interesse. Die Mäuse wurden frech, krabbelten sogar auf ihrem »Erbfeind« herum – bei der Katze keine Reaktion.

Ein Katzengesicht, das rundherum Zufriedenheit und Behaglichkeit ausstrahlt.

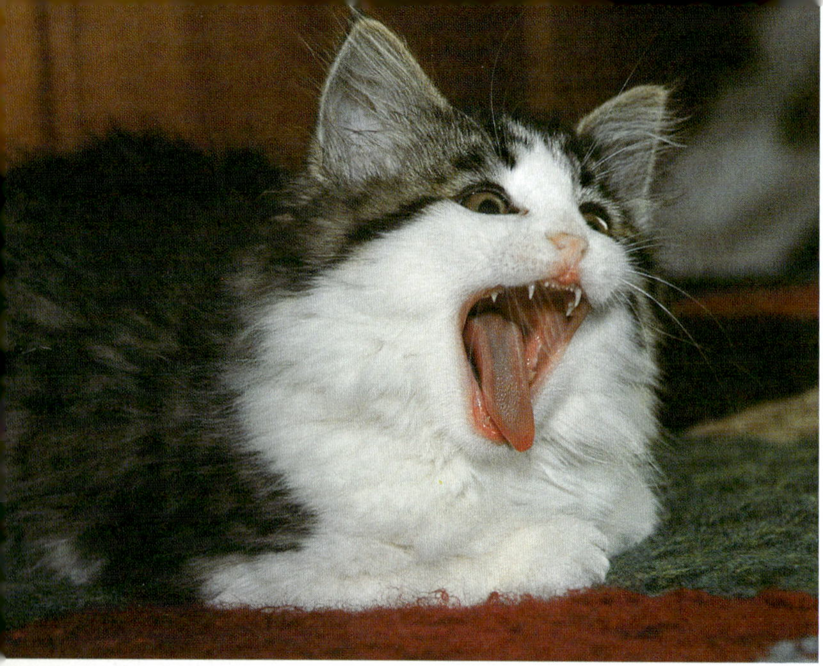

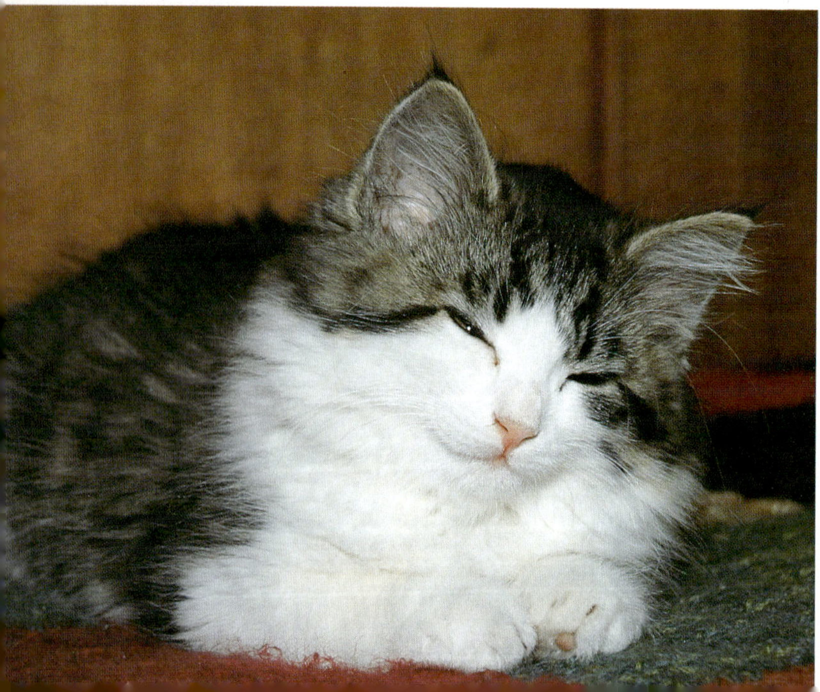

Erst als ein kleiner Nager von ihr weglief, war dies der Auslöser für den Jagdinstinkt. Die Katze belauerte die Maus, schlich sich an und fing die Beute, verletzte sie wohl, aber tötete sie nicht. Das Töten ist nämlich nicht voll angeboren, sondern muß in früher Jugend erlernt werden (siehe Seite 128).

Zahllose Beispiele für Schlüsselreize ließen sich aufführen. Allerdings folgt auf den Auslöser meist nicht sofort die eigentliche Instinkthandlung. Dazwischen liegen noch einige hinführende Handlungen, man spricht von *Appetenzhandlungen*. Besonders deutlich wird das beim Sexualverhalten: Der Geruch einer Kätzin regt den Kater an, doch bevor er ans Ziel seiner Wünsche gelangt, läuft ein ausgiebiges Liebesspiel ab. Oder: Eine müde Katze wirft sich nicht sofort auf ihr Lager, sondern »tretelt« sich vorher ihre Unterlage zurecht. Nur im Ausnahmefall läuft eine Instinkthandlung völlig ohne Auslöser und Appetenzhandlungen ab. Dies ist der Fall, wenn das Tier sehr lange keine Möglichkeit hatte, dem Trieb nachzukommen. Fand eine Katze beispielsweise tagelang keinen Schlaf, wird sie jede Chance zur Ruhe ohne vorbereitendes Zeremoniell nutzen.

Oben: Die kleine Katze gähnt nicht aus Müdigkeit, sondern aus Langeweile.
Unten: Völlig entspannt gibt sich die Mieze dem süßen Nichtstun hin.

Lernen fürs Leben

Instinkthandlungen erfordern keinerlei Denkaufwand, denn sie funktionieren vollautomatisch. Allerdings kann auch die Katze das Leben keineswegs allein mit ihrem Instinkt meistern. Beispiel: Natürlich jagt sie instinktiv, doch die Tricks und Kniffe für eine erfolgreiche Jagd müssen erlernt werden. Daß man ein erlegtes Tier fressen kann, weiß die Katze ebenfalls instinktiv. Daß aber eine bestimmte Krötenart alles andere als ein Leckerbissen ist, muß sie erst durch bittere Erfahrung lernen. Um zu lernen, bedarf es Intelligenz (= Lernbereitschaft beziehungsweise Lernfähigkeit). Und was hier für den Menschen gilt, bewahrheitet sich ebenso bei Katzen: Es gibt mehr und weniger intelligente, und sogar mit ganz dummen muß man rechnen. Andererseits tun sich hin und wieder Genies aus der großen Masse hervor.

Auch Intelligenz will geschult sein. Nur eine Katze, die ständig gefordert ist, nutzt die Möglichkeiten ihres Gehirns. Vergleichsweise leicht hat es ein Tier, das weitgehend natürlich lebt und viel Zeit im Freien verbringt. Es wird ständig mit neuen Situationen und Eindrücken konfrontiert und muß die gemachten Erfahrungen abrufbereit speichern. Je mehr die Katze lernt, desto größer ist letztlich ihre Überlebenschance.

Dieses Intelligenztraining bleibt einer reinen Stubenkatze versagt. Sie wird umhegt und gepflegt, braucht keine Gefahren zu fürchten und bekommt ihr Futter pünktlich serviert. Ein Tag gleicht dem anderen, und die Katze hat vergleichsweise wenig zu lernen. Dadurch läuft das Tier schlichtweg Gefahr zu verdummen. Deshalb ist es so wichtig, daß sich Katzenhalter mit ihren Stubentieren besonders intensiv beschäftigen und sie voll am Familienleben teilhaben lassen.

Wie die meisten Tiere, so lernen auch Katzen in erster Linie aus guten und schlechten Erfahrungen. Zusätzlich können Katzen durch Nachahmen lernen, und diese Fähigkeit findet man nur bei sehr wenigen Säugetieren. Eine Katzenmutter, die ihre Jungen lange genug großziehen darf, wird von diesen als Vorbild betrachtet und selbstverständlich kopiert. Unsere alte Liesl, die mehrmals Kinder hatte, erteilte jedem Wurf geduldig Unterricht im Balancieren auf dem Gartenzaun. Die Sprößlinge nahmen dieses Pflichtfach sehr ernst und folgten den Miau-Aufforderungen, verbunden mit praktischer Vorführung, trotz anfänglich gehäufter Mißerfolge.

Daß eine Katze das Verhalten einer Artgenossin nachahmt, erscheint uns noch irgendwie verständlich. Erstaunlicherweise aber nutzen die Tiere ihre Beobachtungsgabe auch in ganz anderen Zusammenhängen. Zwei Beispiele:

> Immer wieder sieht eine Katze, wie ihr Mensch die Türklinke herunterdrückt, wodurch sich die Tür öffnet. Diesen Zusammenhang kapiert die Katze, denn ihr liegt daran, ungehindert ein- und auszugehen. Also springt das Tier auf die Türklinke und drückt sie durch das eigene Gewicht herunter.

> Eine noch verblüffendere Leistung vollbrachte Domino, der Kater meiner Freundin. Er folgte ihr in der Wohnung auf Schritt und Tritt, sogar in die Toilette. Dort beobachtete er stets interessiert die Tätigkeiten seines Frauchens. Wurde schließlich die Spülung gedrückt, stellte sich Domino am Schüsselrand hoch und blickte der Bescherung nach. Eines Tages fand meine Freundin Katzenkot in der Kloschüssel. Domino benutzte die Toilette nun tatsächlich selbst, wenn auch nur fürs »große Geschäft«. Er kauerte dazu geschickt auf dem Rand und war absolut treffsicher. Zum Schluß bestand Domino mit lautem Miauen darauf, daß jemand die Spülung drückte (siehe Abb. 5, Seite 36).

Wenn Katzen intelligent genug zum Lernen sind, warum kann man ihnen dann so schwer etwas beibringen? Ganz einfach deshalb, weil Katzen nur das lernen wollen, was ihnen sinnvoll und wichtig erscheint. Und nur wenig von dem, was der Mensch allgemein verlangt, wird entsprechend eingeordnet. Natürlich kapiert der Vierbeiner sehr schnell, daß er mitten auf dem Eßtisch unerwünscht ist. Weil er dieses Verbot aber für völlig unberechtigt hält, rollt er sich immer wieder auf dem herrlich weißen Tischtuch zusammen. Bewußt stur stellt sich die Katze außerdem, weil sie aus freien Stücken lernen und handeln will und keine Lust hat, nach der Pfeife des Menschen zu tanzen. Befehle verhallen grundsätzlich ungehört. Das Tier läßt sich aber gern höflich bitten und gehorcht dann vielleicht gnädig, als wolle es sagen: »Dir zuliebe tue ich das, du weißt es hoffentlich zu schätzen.«

Selbstverständlich kann man eine Katze bis zu einem gewissen Grad erziehen. Man benötigt dazu Geduld und viel Einfühlungsvermögen und muß sicher auch manchmal in die Trickkiste greifen, wenn gutes

Abb. 5: Kater Domino bei seinem »großen Geschäft« auf der Kloschüssel.
Foto: Meyer

Zureden nicht fruchtet. Wenn beispielsweise Mieze auf dem Tisch wiederholt und völlig unverhofft von einem Sofakissen getroffen wird, gibt ihr das die Möglichkeit, aus eigener Erfahrung zu lernen. Kluge Katzen lassen sich sogar dressieren – vorausgesetzt, die Kunststückchen machen Spaß.

> Ich brachte als Kind meinem Kitty bei, durch einen Reifen zu springen, Pfötchen zu geben und Purzelbäume zu schlagen. Er begriff schnell, was ich von ihm wollte, und fand diese Spiele zeitweise äußerst unterhaltsam. Allerdings befolgte Kitty meine Anweisungen nur, wann und solange es ihm paßte. Hatte er keine Lust, drehte er sich einfach um und ließ mich stehen.

Auch wenn es gelingt, einer Katze vieles beizubringen und manches abzugewöhnen, bei Instinkthandlungen ist die Chance gleich Null.

Ein angeborener Trieb kann nie ausgeschaltet werden. Der Mensch ist mehr oder weniger gut in der Lage, seine eigenen Triebe mit Hilfe des Verstandes zu lenken. Beim Tier entfällt diese Möglichkeit, es muß zwangsläufig seinem Instinkt folgen. Beispiel: Eine Katze weiß zwar aus Erfahrung, daß die Krallenwetzerei am Lehnstuhl Frauchens Mißfallen erregt. Trotzdem schärft Mieze ihre Krallen, denn diese Handlung geschieht instinktmäßig. Beibringen kann man dem Tier jedoch, daß es statt des teuren Lehnstuhls ein spezielles Kratzbrett (oder Kratzbaum) verwendet.

Das bedeutet, man kann Instinkthandlungen in die richtigen Bahnen lenken. Voraussetzung dafür ist, daß man das Tier zum Zwecke der Umerziehung spätestens bei den Appetenzhandlungen zu einer Instinkthandlung »erwischt« und entsprechend eingreift. Ideal verdeutlichen läßt sich dies am Beispiel eines noch nicht stubenreinen Kätzchens. Der Instinkt zwingt es dazu, sich zu entleeren. Dazu verläßt das Tier seinen Schlaf- und Freßplatz, läuft aufgeregt herum, schnuppert mal hier, mal dort am Boden (Appetenzhandlungen!) und sucht sich ein geeignetes Plätzchen. Damit das Geschäft nicht auf dem echten Perserteppich vollbracht wird, nimmt der aufmerksame Katzenhalter die kleine Mieze während des Suchens und setzt sie in die vorbereitete Sandkiste. Auf diese Weise wird das Tier im Handumdrehen stubenrein. Wartet man dagegen, bis das Häufchen auf dem Teppich liegt, um die kleine Katze dann schimpfend ins Kistchen zu tragen, bleibt der Erfolg aus. Die Instinkthandlung ist ja bereits beendet, und das Tier hat jeden Bezug dazu verloren. Und es nützt wirklich überhaupt nichts, wenn man das Kätzchen mit der Nase in den eigenen Kot taucht.

Wichtige Instinkthandlungen

- Nahrungsaufnahme
- Schlafen
- Schnurren
- Sämtliche Bewegungsabläufe
- Körperliche Entleerung
- Körperpflege
- Jagen
- Sexualverhalten
- Aufzuchtverhalten

Verhältnismäßig leicht lernt eine Katze (wenn sie will) alles, was auf angeborenen Verhaltensweisen aufbaut. Springen beispielsweise kann sie ohnehin. Man braucht ihr nur noch beizubringen, durch einen Reifen zu springen. Was dem natürlichen Verhalten der Katze völlig widerspricht, wird sie dagegen nicht oder nur unvollständig annehmen. So versuchen viele Katzenhalter, ihr Haustier an der Leine mitzuführen. Die Katze läßt sich Geschirr oder Halsband umbinden, doch sie geht trotz aller Bemühungen nicht nebenher wie ein Hund. Das ist weder Dummheit noch böser Wille. Eine Katze läuft eben nicht mit dem Rudel, sondern sucht sich seit altersher ihren Weg allein.

Das Wesen der Katze

Den Charakter einer Katze zu beschreiben, kann nicht gelingen. Jedes Tier ist schließlich ein Individuum und ein »Produkt« seiner Umwelt beziehungsweise seiner Erfahrungen. Geprägt wird die Katze spätestens ab dem Zeitpunkt der Geburt, wahrscheinlich aber auch schon früher. Man weiß, daß Menschenkinder bereits im Mutterleib von den Gefühlen der Mutter beeinflußt werden. Warum sollte das bei Katzen anders sein?

> In unserer Nachbarschaft tauchte eines Tages eine völlig verwilderte, heruntergekommene Katze auf, überdies hochträchtig. Das Tier ließ niemanden an sich heran und wählte fürs Wochenbett ein trockenliegendes, von Gestrüpp verborgenes Kanalrohr. Wir stellten Futter auf, doch schon wenige Tage nach der Geburt war die Alte verschwunden. Als wir es bemerkten, lebten bereits zwei der vier Jungen nicht mehr. Die beiden anderen wurden mühsam und liebevoll hochgepäppelt und fanden ein gutes Zuhause. Obwohl die Tiere voll auf den Menschen geprägt waren, blieben sie zeitlebens extrem scheu, schreckhaft und ängstlich – eben genau wie die Mutter.

Arttypische Eigenschaften

Wann immer die Prägung beginnt, jede Katze wird auf ihre Weise vom Leben gefordert. Dazu kommen ererbte Veranlagungen. Es gibt temperamentvolle und phlegmatische Tiere, Choleriker und solche mit sehr stabilem Nervenkostüm, mutige und Angsthasen, launische und immer freundliche. Trotzdem haben Katzen einige grundlegende, hervorstechende Eigenschaften, die arttypisch sind. Man findet sie bei allen Tieren, wenn auch mal mehr, mal weniger stark ausgeprägt: Eigenwilligkeit, Selbständigkeit, Selbstbewußtsein und Freiheitsliebe.

Für diese Eigenschaften wird die Katze teils bewundert, teils abgelehnt. Es fällt schwer, ein Haustier zu akzeptieren, das mit aller Selbstverständlichkeit seine eigenen Wege geht und den Menschen zwar als Freund, nicht aber als Boß betrachtet. Sogar die hochadelige Rassekatze, die ein reines Sofakissendasein führt und deshalb dem harten Leben draußen ohne menschliche Hilfe kaum gewachsen wäre, hält große Stücke auf ihre Unabhängigkeit. Erklärbar ist dies aus der Geschichte und dem Werdegang der Katzen. Um dies zu verstehen, bietet sich der Vergleich mit dem Hund an:

Von der Grundeinstellung her liegt das Wesen des Hundes dem Menschen bedeutend näher. Der Hund ist treu ohne Einschränkung, unterwirft sich seinem Herrn bis zur Selbstaufgabe und lebt in totaler Abhängigkeit. All das schmeichelt dem Menschen, macht ihn sogar stolz. Auch er selbst eifert schließlich Idolen nach (ohne allerdings dauerhaft Treue zu zeigen), unterwirft sich Höhergestellten und ist abhängig von vielerlei Dingen.

Der Hund ist ein Rudeltier und sucht die Gemeinschaft Gleichgesinnter. Schon seine Urahnen, die Wölfe, lebten im Rudel mit streng hierarchischer Ordnung. Hier bestimmte nur einer, und alle anderen folgten. Im Rudel hat jedes Mitglied seinen Rang und paßt sich entsprechend an. Dieses vom Wolf ererbte Verhaltensmuster macht es dem Hund leicht, sich in eine Familie einzufügen. Denn auch der Mensch ist ja im Grunde ein Rudeltier.

Katzen dagegen leben seit eh und je in erster Linie als Einzelgänger und sind somit keine ausgesprochen sozialen Wesen. Nie verlangte ein Rudel den Tieren Unterordnung ab. Jede Katze war selbst die höchste Instanz und traf alle Entscheidungen für sich. Der Individualismus hat somit bei Katzen Tradition. Bis zum heutigen Tag tut dieser Vierbeiner, was er will, und läßt sich auch innerhalb der Familie keinen Rang zuweisen.

Der Hund wurde, nicht zuletzt dank seines Rudelverhaltens und der damit verbundenen Fügsamkeit, im Laufe der Jahrtausende sehr eng an den Menschen gebunden. Der Hund jagte nicht für den eigenen Lebensunterhalt, sondern auf Befehl seines Herrn, und legte ihm das Wild zu Füßen. Ganz anders die Katze. Der Mensch zähmte sie, um

Abb. 6: Katzenkinder legen noch Wert auf Körperkontakt.

Foto: Verein Deutscher Katzenfreunde e.V.

einen Mäusejäger im Haus zu haben, zeigte allerdings keinerlei Interesse an der Beute. Die Katze ging auf eigene Faust zur Jagd und war immer auf sich allein gestellt. Kein Wunder, daß diese Tiere selbständig blieben und es noch immer sind. Die instinktive Gewißheit, sich selbst durchbringen zu können, gibt den Katzen überlegenes Selbstbewußtsein.

Auch die Freiheitsliebe hat die Katze aus ihrer Vergangenheit herübergerettet. Dieser Vierbeiner möchte gefälligst nach eigenem Gutdünken kommen und gehen. Manche Katzen sind echte Streuner, die zwar ihr Zuhause schätzen, aber dennoch oft tagelang wegbleiben. Bei der Heimkehr begrüßt die Katze ihren Menschen wie einen guten, alten Freund und erzählt »wortreich« von den herrlichen Erlebnissen. Sie erwartet Futter und Streicheleinheiten, legt sich aufs Ohr und schleicht vielleicht schon wenige Stunden später wieder aus dem Haus.

Dem Freiheitsdrang der Stubenkatze sind freilich enge Grenzen gesetzt. Doch selbst in der Wohnung versucht das Tier immer wieder, dem übrigen »Rudel« auszuweichen. Der Minitiger zieht sich oft an einen ruhigen Platz abseits zurück, um ganz für sich zu sein. Und es bereitet ihm anscheinend besonderes Vergnügen, wenn die Menschen verzweifelt nach ihm suchen. Ganz klar, die Katze hört das Rufen, doch sie rührt sich nicht. Erst wenn die Menschen aufgeben, erscheint sie ganz gelassen auf der Bildfläche – und ich möchte wetten, daß Katzen in solchen Situationen zufrieden grinsen.

Abb. 7: Aufmerksam und fragend, aber nicht übermäßig gestört beobachtet die Katze den Fotografen.

Foto: tol

Wie Katzen sonst noch sind

Katzen haben allgemein die Ruhe weg. Sie kommen und gehen auf leisen Sohlen und verbringen einen Großteil des Tages in süßem Schlummer. Grundsätzlich möchte man sagen: Ein Hund in der Wohnung ist eine Person mehr, eine Katze bemerkt man kaum. Natürlich, in der jugendlichen Sturm- und Drangzeit tobt sich der Minitiger aus – spielt, klettert, erprobt seine Geschicklichkeit. Solch ein kleiner Treibauf stellt die Nerven seiner Menschen mitunter ganz schön auf die Probe. Sind die Jugendtorheiten erst überwunden, übt die Katze als Erwachsene eher vornehme Zurückhaltung und liegt lieber faul auf der Haut, als sich durch extreme körperliche Bewegung zu verausgaben. Eine freilaufende Katze konzentriert ihre gesamte Energie auf die Jagd und eventuelle Rivalitätsstreitigkeiten. Die Wohnungskatze dagegen muß ihre angestauten Energien bei gelegentlichen Temperamentsausbrüchen loswerden. Unsere Katzen hatten meist einmal am Tag ihre »tollen fünf Minuten«. Die Tiere sausten wie verrückt durch die Wohnung, machten Bocksprünge, schlugen Haken und gingen dann erleichtert wieder zum gemütlichen Teil über. Oft lag unser Kater bequem mit untergeschlagenen Vorderpfoten stundenlang am Fenster und beobachtete die Vorgänge draußen. Überhaupt nahm er sich zu allem, was er tat, sehr viel Zeit – für die Körperpflege, zum Fressen, zum Schmusen usw. Katzen lassen sich eben nicht von der Uhr treiben wie wir Menschen. Hektische Aktivität, wie man sie vom Hund kennt, liegt ebenfalls nicht im Wesen der Katze. Auch sie zeigt ihre Gefühle, aber eben eher mit Gelassenheit und vor allem leise. Es gibt wenig, was eine Katze wirklich »aus dem Häuschen« bringt.

Diese Vierbeiner verhalten sich nicht nur ruhig, sondern strahlen auch eine innere Ruhe aus. Selbst mitten im größten Trubel sitzt eine Katze still auf ihrem Platz, völlig in sich selbst zurückgezogen. Sie steht offensichtlich über den Dingen und wirkt dadurch unglaublich überlegen. Wer in solchen Momenten einer Katze in die Augen blickt, hat das Gefühl, als wisse das Tier viel mehr als wir und kenne alle Geheimnisse dieser Welt. Ein Prosa-Gedicht von DILYS LAING, aus dem Englischen übersetzt, beschreibt diesen Eindruck treffend:

> Ich lege mein Buch »Die Bedeutung des ZEN« beiseite
> und sehe die Katze in ihren Pelz lächeln,
> während sie ihn sorgfältig mit ihrer rosa Zunge putzt.

»Katze, ich würde dir das Buch leihen,
doch es scheint, du hast es bereits gelesen.«
Sie sieht auf und blickt mich verächtlich an:
»Sei nicht albern«, schnurrt sie, »ich habe es geschrieben.«

Die Katze ist ein äußerst sensibles Haustier, man kann nichts vor ihr verbergen. Sie empfängt nicht nur Signale der Natur (siehe Seite 30 f.), sondern spürt auch »atmosphärische« Veränderungen im Haus. Eine fröhliche Stimmung wirkt sich ebenso auf die Katze aus wie Ärger oder Kummer. Ob sich dieser Hausgenosse mit dem Menschen freut, bleibt dahingestellt. Aber er fühlt sich auf jeden Fall wohl und zeigt dies auch. Schon vielfach bewiesen hat die Katze ihr Talent zum Seelentröster. Wenn sie spürt, daß ihr Mensch traurig ist, behandelt sie ihn besonders liebevoll und aufmerksam. Sie hört sogar geduldig zu, wenn sich ihr Freund den Kummer von der Seele spricht – und macht niemals Vorwürfe. Zieht aber am familiären Horizont Gewitterstimmung auf, ist der Minitiger lange vor dem ersten Donnerschlag verschwunden.

Ihre konservative Grundeinstellung haben Katzen mit vielen Menschen gemeinsam. Die Tiere verabscheuen Veränderungen jeder Art – vor allem dann, wenn sie ihnen von außen aufgedrängt werden. Die Katze macht aus ihrem Herzen keine Mördergrube und reagiert auf ihre Weise. Davon wird in diesem Buch noch häufig die Rede sein.

Das Alter verändert die Katze. Ihre Lebenserwartung liegt bei 12 bis 13 Jahren, oft auch bedeutend höher. Man hört hin und wieder von 18- oder sogar 20jährigen Katzen. Damit werden die Tiere oft weitaus älter als vergleichsweise wir Menschen. Bei der Katze entsprechen

5 Jahre etwa 40 Menschenjahren,

10 Jahre etwa 60 Menschenjahren,

13 Jahre etwa 72 Menschenjahren,

18 Jahre etwa 92 Menschenjahren und

20 Jahre etwa 100 Menschenjahren.

Viele dieser Greise sind bis zum Schluß körperlich weitgehend fit, nur wesensmäßig bemerkt man das Altern meist schon früher. Die gewohnte Eigenwilligkeit verwandelt sich in den letzten Jahren zu echtem Starrsinn. Was die Katze bisher nicht gelernt hat, lernt sie nun nimmermehr, und sie legt auch ihre Zugeständnisse ad acta. Die Katze wird immer vergeßlicher, vor allem in Bezug auf Verbote. Außerdem entwickelt sie sich mehr und mehr zur Eigenbrötlerin. Sie sucht häufiger als früher stille Winkel auf und meidet den Kontakt zu Fremden soweit es geht. Auch der Wunsch nach Bequemlichkeit nimmt zu. Kurz: Das alte Tier verhält sich weitgehend genauso wie ein alter Mensch. Leider altert aber die Katze eben nicht parallel zu den Mitgliedern ihrer Familie, sondern überrundet diese sehr schnell. Den noch jung gebliebenen Menschen fällt es deshalb oft schwer, die »Mucken« ihrer alten Katze zu verstehen.

Die großen Leidenschaften

Schmusen

Auch wenn sich der Miniaturtiger manchmal spröde gibt, ist er im Grunde doch sehr gefühlvoll und sucht nach Nähe und Zärtlichkeit. Der Begriff »Schmusekatze« hat durchaus seine Berechtigung. Befreundete Tiere schmusen oft ausgiebig miteinander, und noch viel intensiver wird der vertraute Mensch als Schmusepartner angenommen. Doch auch hier bleibt sich die Katze treu: Sie möchte allein bestimmen, zu welchem Zeitpunkt und wie lange Zärtlichkeiten ausgetauscht werden. Ein Mensch, der das nicht begreift, erhält unter Umständen eine schmerzhafte Lektion.

Im richtigen Moment nimmt die Katze Zuwendungen genußvoll entgegen. Sie läßt sich streicheln, kraulen und tätscheln, wobei vor allem der Hals und der Bauch lustbetonte Zonen sind. Sie kneift die Augen zu, dehnt sich wonnig, spreizt die Zehen, rollt sich auf den Rücken, streckt alle Viere von sich und schnurrt voll Behagen. Manchmal umfängt sie mit den Pfoten die liebkosende Hand, beißt ganz vorsichtig hinein oder leckt zufrieden mit der kleinen Reibeisen-Zunge.

Die Katze läßt sich nicht nur verwöhnen, sondern gibt auch Zärtlichkeit zurück. Dabei zieht sie gegenüber dem Menschen alle Register: Sie streicht ihm leise maunzend um die Beine und gibt Köpfchen. Als besonderer Beweis für Zuneigung ist es zu werten, wenn das Tier seinen zweibeinigen Freund an der Hand oder gar im Gesicht mit den Barthaaren abtastet. Diese sanfte Berührung geht beiden Partnern unter die Haut. Ebenso kommt das zarte Betasten mit den Pfötchen einer Liebeserklärung gleich (siehe Seite 27 f.).

Spielen

Nicht nur für zärtliche Stunden ist der Katze »ihr« Mensch recht, sondern auch als »Handlanger« bei fröhlichen Spielen. Katzen spielen ausgesprochen gern, von frühester Jugend an bis ins hohe Alter. Zwar kann sich der Minitiger gut allein beschäftigen – mit Grashalmen, vom Wind getriebenen Blättern oder auch den Fransen am Teppich –, doch mit Partner macht das Spielen natürlich noch viel mehr Spaß. Allerdings erwartet er Bewegung. Wenn der Mensch einen Ball hüpfen läßt oder einen Papierknäuel an der Schnur über den Boden zieht, ist die Katze hellauf begeistert. Sie verhält sich genau wie bei der Jagd: Sie schleicht sich an, springt auf die »Beute«, schleudert sie in die Luft, nur um blitzschnell wieder danach zu greifen.

Abb. 8: Spielen ist für junge Katzen die Lieblingsbeschäftigung, denn sie üben dabei ihr Jagdverhalten.

Foto: Verein Deutscher Katzenfreunde e. V.

Aber auch für andere Spielereien sind Katzen durchaus zu gewinnen.

Ich spielte als Kind mit Kitty Verstecken. Zuerst verbarg ich mich im Bett oder in einem Schrank – und rief nach dem Kater. Er suchte allein mit Hilfe des ausgezeichneten Gehörs und fand mich immer, aber auf seine Weise: Kitty legte sich vor meinem Versteck auf die Lauer. Irgendwann ging mir unter dem Federbett oder ähnlichem die Luft aus, und ich spähte vorsichtig hervor. Schon schoß Kitty mit den Vorderpfoten in die Lücke und versuchte, mich mit langem »Arm« zu erreichen. Der Kater sonnte sich förmlich in seinem Erfolg, wenn ich herauskam. Anschließend war Kitty an der Reihe. Er verbarg sich mit Vorliebe unter einem unserer bodenlangen Vorhänge. Allerdings steckte der Kater nur den Kopf und die vordere Körperhälfte unter den wallenden Stoff, während Schwanz und Hinterteil sichtbar blieben. Alle Tiere, wie übrigens auch kleine Kinder, handeln nach dem Motto: »Wenn ich niemanden sehe, werde ich auch nicht gesehen.« Und Kitty reagierte sehr verärgert, wenn ich ihn in seinem ausgezeichneten Versteck zu früh entdeckte.

Abb. 9: Zu zweit macht Spielen viel mehr Spaß als allein.

Foto: tol

Manchmal werden Katzen von einem kleinen Teufel geritten. Sie wollen ihre Kräfte messen und provozieren einen spielerischen Überfall. Zwei Katzen belauern sich, springen sich an und umklammern sich mit den Pfoten. Dabei wird der jeweilige Gegner zum Schein gebissen und scharrend mit den Hinterpfoten bearbeitet. Wie auf Kommando lassen beide Tiere plötzlich los, flitzen auseinander, und das Spiel kann von neuem beginnen. Als Ersatz für einen Artgenossen nimmt die Katze auch die menschliche Hand an. Sie wird genauso behandelt wie eine Katze – ungeachtet dessen, daß kein Fell die Haut schützt. Wer mit einer Katze balgt, kommt deshalb selten ohne Schrammen davon. Im Eifer des Gefechts kann sie ihre Zähne und Krallen einfach nicht völlig unter Kontrolle halten. Manchmal hat es den Anschein, als erkenne die Katze dieses Manko nach Beendigung des schönen Spiels. Sie leckt dann die verwundete Hand und geht zum Schmuseteil über.

Jagen

Katzen sind Raubtiere – auch dann, wenn sie in menschlicher Obhut heranwachsen. Der Jagdinstinkt sitzt tief, und jede Katze gehorcht ihm. Ganz allgemein löst die Befriedigung von Instinkten ein Lustgefühl aus, und deshalb gerät die Katze beim Jagen oder schon bei der Aussicht auf eine erfolgreiche Jagd in Hochstimmung. Selbst die gezüchtete Rassekatze, die seit Generationen keine Maus mehr zwischen den Krallen hatte, kennt das Jagdfieber. Ihr Spielzeug wird zur Beute, und ab und zu macht sie sogar auf vorübergehende Menschenbeine Hatz. Im Winter beobachtet die Katze bebend die flatternde Vogelschar am Futterhäuschen. Nur die unüberwindliche Scheibe hält sie von einem Abenteuer zurück.

Ein Tier, das ins Freie darf, wird seinem Menschen irgendwann stolz eine tote Maus, einen Vogel, eine Eidechse oder ähnliches Getier vor die Füße legen. Selbstverständlich erwartet unser Hausgenosse Lob und Anerkennung. Schließlich hat er ja sein ganzes Geschick und seine Raffinesse aufgewendet, um diesen Fang zu machen. Die Katze sieht keinen Unterschied zwischen Beute und Beute. Für sie ist ein Frosch so gut wie eine Maus und umgekehrt. Gejagt wird prinzipiell alles, was sich bewegt und kleiner ist als die Katze selbst.

Abb. 10: Geduckt schleicht sich die Katze an ihre Beute an und fängt sie mit einem gezielten Sprung.

Das Jagen ist für die Katze ein Ritual. Es beginnt damit, daß sie geduldig auf Lauerposten sitzt, bis ein mögliches Beutetier auftaucht. Nun schießt die Katze nicht etwa gierig drauf los, sondern beobachtet zunächst. Erscheint der Moment günstig, pirscht sie sich möglichst lautlos näher. Dabei verharrt sie zwischendurch immer wieder regungslos und nutzt beim geduckten Weiterschleichen jede Deckung. Sie kennt aus Erfahrung genau die richtige Entfernung für einen Sprung. Die Katze setzt ihn – ganz nach Bedarf – aus völliger Regungslosigkeit oder aus vollem Lauf an. Manchmal sind zwei oder drei schnelle Sprünge nötig, um die Beute zu erreichen. Kurz davor stößt sich die Katze mit den Hinterbeinen kräftig ab, schnellt vor und faßt mit den Vorderpfoten zu. Erfolgsquote: ca. 60%. Die Krallen halten unerbittlich fest, und die Katze kann – sofern sich das Opfer nicht wesentlich wehrt – den Tötungsbiß ansetzen.

Ganz so sicher, wie es den Anschein hat, ist die Katze allerdings insgeheim nicht. Selbst bei kleinen Beutetieren spielt immer irgendwo ein wenig Angst mit. So läßt sich die Katze beispielsweise durch direkten Blickkontakt hemmen. Wenn das die Mäuse wüßten... Springt ein Beutetier in Panik der Katze ins Gesicht, weicht sie zurück. Sie fürchtet instinktiv, an den unbehaarten und damit schutzlosen Stellen wie Nase und Augen verletzt zu werden.

Hin und wieder sticht eine Katze trotz allem der Hafer, und sie wagt sich an ein Beutetier, das eigentlich eine Nummer zu groß ist. Eine Ratte beispielsweise kann gefährlich werden. Aber der Minitiger braucht das Nervenkitzeln und läßt sich in den Kampf ein. Der Ausgang ist ungewiß, denn eine Ratte greift auch ihrerseits mutig an. Wenn die Katze schließlich siegt, vollführt sie einen Freudentanz. So zumindest beurteilt es der unbedarfte Zuschauer. In Wirklichkeit aber hat dieser Tanz einen tieferen Sinn. Während des Kampfes mit der Ratte ist die Katze von Aggressionen und Angst erfüllt. Wohin mit diesen geballten Energien, wenn dann der Gegner plötzlich leblos am Boden liegt? Sie setzt sie instinktiv in Bewegung um und tanzt. Der Fachmann spricht von *Erleichterungsspiel*. Erst anschließend wird die Beute angeschnitten.

Sicher, die Katze hat Spaß am Jagen. Diese Passion entspringt jedoch nicht kühler Überlegung (wie beim Menschen), sondern eben dem Instinkt. Er wird ausgelöst durch die Bewegung des jeweiligen Beutetiers, und sofort laufen alle folgenden Handlungen automa-

Abb. 11: Gespannte Aufmerksamkeit. Hat sich da nicht etwas bewegt?
Foto: Verein Deutscher Katzenfreunde e. V. / Stumpf

tisch ab. Beendet ist der Vorgang normalerweise mit dem Töten der Beute. Was manchmal zwischen dem Fangen und dem Töten liegt, erscheint jedem feinfühligen Menschen grausam: Eine Katze, die lange keine Maus gefangen hat, spielt mit ihrem Opfer. Sie läßt es frei, fängt es wieder ein, wirft es in die Luft, fängt es auf usw. Trotzdem ist all dies kein Beweis für die Grausamkeit der Katze, denn sie verhält sich ja lediglich ihrem vorprogrammierten Trieb entsprechend. Es handelt sich um das sogenannte *Stauungsspiel,* mit dem die Katze angestaute Energie abreagieren muß. Vielleicht hat es

Abb. 12: Ein Glöckchen um den Hals kann dazu beitragen, daß Mieze wenig Jagdglück bei Vögeln hat.

Foto: tol

die Natur auch deshalb so eingerichtet, um dem gefangenen Tier eine letzte Chance zu geben. Schon so manche Maus konnte einer Katze beim Stauungsspiel entwischen und kam mit ein paar Kratzern davon.

Einst war die Jagd für Katzen der einzig mögliche »Broterwerb«. Das hat sich geändert, denn die meisten Tiere haben heute beim Menschen Kost und Logis. Doch selbst eine satte Katze jagt, wenn sie sich dabei vielleicht auch weniger anstrengt und leichte Beute bevorzugt. Das Jagen und das Fressen sind schließlich zwei verschiedene Instinkte. Ist der Freßtrieb befriedigt, kann der Jagdtrieb trotzdem ausgelöst werden. Deshalb sollten Katzenhalter nicht darauf vertrauen, daß ihre satte Katze Vögel ungerupft läßt. Und es gibt keinerlei Möglichkeit, dem Hausgenossen die Jagd auf Vögel abzugewöhnen. Vogelfreunden sei zur Beruhigung gesagt: Katzen sind für die Mäusejagd geboren und belauern Vögel eher so zum Zeitvertreib. Es gelingt kaum, solch ein flugtüchtiges Kerlchen zu erwischen. Nur kranke und altersschwache Tiere »gehören der Katz'«. Am Kieler Institut für Haustierkunde wurden die Mägen von 156 toten Katzen untersucht. Die Inhalte bestanden zu 89% aus Mäusen und nur zu 4,4% aus Vögeln. Der prozentuale Rest war sonstige Nahrung. Wirklich gefährdet sind Jungvögel, solange sie noch nicht richtig fliegen können. Deshalb sollte es selbstverständlich sein, daß Katzenhalter ihre Tiere während der Brutzeit und bis nach dem Ausfliegen der Vögel (März bis August) nicht herumstreunen lassen.

Nur ganz wenige Katzen mausern sich zu Spezialisten in puncto Vogelfang. Eine Glocke um den Hals kann die Vögel rechtzeitig vor der schleichenden Gefahr warnen. Ich kenne jedoch eine Katze aus der Nachbarschaft, die gelernt hat, sich so sacht zu bewegen, daß die Glocke erst viel zu spät anschlägt. Doch selbst wenn hin und wieder ein Vogel zwischen Krallen endet, so haben es doch alle Katzen der Welt zu keiner Zeit geschafft, eine Vogelart auszurotten. Wir Menschen dagegen sind dazu spielend in der Lage, und zwar in wenigen Jahrzehnten. Der traurige Beweis dafür wurde bereits erbracht.

Katzen, die am Stadtrand zu Hause sind, frönen ihrer Jagdleidenschaft womöglich auch im Wald. Die Jäger sprechen dann vom Wildern, und viele sind nur allzu gern bereit, einer Katze den Garaus zu machen. Freilich betrachtet das Tier den Wald als herrliches Revier, denn hier kann man Jagd auf die verschiedensten Kleintiere machen. Daß Katzen Junghasen oder Rebhühner erbeuten, kommt vor, aber doch äußerst selten. Den Jägern bleibt genügend zum Schießen übrig, und es läßt sich keinesfalls rechtfertigen, daß jede Katze bedenkenlos als Wilderer abgeknallt wird.

Lieben

Für die Katze ist die Liebe wie ein Feuer, das ständig glüht und zwischendurch hoch auflodert. Kater sind allzeit zu Eroberungen bereit. Vor allem im Frühling und im Herbst packt die Tiere eine starke Unruhe. Sie streunen herum, immer auf der Suche nach einer holden Schönen. Oft kommt solch ein Kater auf Freiersfüßen nächtelang nicht nach Hause und erscheint nur ein paar Stunden am Tag, um zu fressen und in erschöpften Schlaf zu fallen. Wer versucht, einen verliebten Kater »zu seinem eigenen Besten« einzusperren, wird sich wundern. Das Tier spielt verrückt, jammert, murrt und knurrt, springt gegen Fensterscheiben, reagiert aggressiv und zieht dann wieder alle liebenswürdigen Register, um den Menschen zum Öffnen der Tür zu überreden. Die erste Gelegenheit nimmt der Kater wahr und entwischt.

Hat er schließlich eine Kätzin gefunden, die demnächst in die Hitze kommt, weicht der Kater nicht mehr von ihrem Haus. Leider ist er meist nicht der einzige Bewerber. Zu seinem Ärger schwärmen noch einige Kollegen für die gleiche Dame. Die erregten Kater bedrohen sich gegenseitig mit für Menschenohren wüstem Geschrei, bleiben aber alle eisern auf dem Posten. Das schauerliche Konzert hat also keineswegs, wie so oft behauptet wird, mit dem Liebesspiel zu tun. Die *Hitze* der Kätzin (auch Roll-, Brunst- oder Ranzzeit genannt) findet normalerweise zweimal im Jahr statt und dauert zwischen 15 und 21 Tagen. Manche Tiere werden sogar dreimal rollig. Eine Stubenkatze, die nicht an den Mann kommt, kann aus lauter Sehnsucht alle paar Wochen hitzig werden. Rollige Kätzinnen machen keinen Hehl daraus, daß sie nach Liebe streben. Sie sind in zärtlicher Stimmung, geben Köpfchen, streichen mit den Flanken an allen möglichen Gegenständen entlang und rollen sich verführerisch auf den Rücken. Auch der Mensch wird mit diesen Zärtlichkeiten bedacht. Zwischendurch aber zeigt sich die Hausgenossin wieder ausgesprochen kratzbürstig. Sie ist nervös, frißt wenig und will unbedingt aus dem Haus.

Draußen ruft sie sehnsüchtig nach einem Kater, falls keiner in der Nähe ist. Stehen die Freier jedoch Schlange, zeigt ihnen die Kätzin zuerst mal die kalte Schulter. Natürlich geraten die Kater beim Anblick ihrer Angebeteten erst recht in Rage. Es entstehen Schlägereien, doch der ruhmreiche Sieger macht auf die Dame keinerlei Eindruck. Sie sucht sich ihren Partner nach eigenen Gesichtspunkten aus – so hat es die Natur bestimmt. Für einen Kraftprotz stehen die Chancen um keine Schnurrbartlänge besser als für den im Streit Unterlegenen. Ob die Kätzin instinktiv weiß, wer der bessere Liebhaber ist? Dem Auserwählten wird übrigens sein Glück von den Mitbewerbern durchaus gegönnt – nach dem Motto: Jeder kommt mal dran.

Miezes neuer Freund besitzt allerdings noch lange keine Privilegien. Das Paar muß nämlich sozusagen erst über seinen eigenen Schatten springen. Als Einzelgänger sind es Katzen gewohnt, die Individualdistanz zum Artgenossen zu achten. Einander fremde Tiere kommen sich deshalb nicht so ohne weiteres hautnah. Um ihre Scheu zu überwinden, pflegen sie ein ausgiebiges Liebesspiel. Auf die ersten Annäherungsversuche des Katers reagiert die Kätzin sehr kühl. Sie läuft weg, aber nicht ohne sich zu versichern, daß er auch ganz bestimmt folgt. Wird er zu aufdringlich, hagelt es Ohrfeigen. Erst wenn sich der Liebhaber in spe manierlich benimmt, darf er etwas näherrücken. Nun sitzen die Tiere beieinander und unterhalten sich leise maunzend und gurrend. Dieses Liebesgeflüster kann sich über Treffen an mehreren Tagen hinziehen. Allein die Kätzin bestimmt, wann letztendlich die Paarung stattfindet. Bereit dazu ist das Weibchen nur an vier bis sechs Tagen der Ranzzeit. »Grünes Licht« hat der Kater, wenn sich seine Braut vor ihm niederlegt und das Hinterteil hochreckt. Der Kater steigt auf und verbeißt sich im Nackenfell seiner Geliebten, während sie mit den Vorderpfoten tretelt. Der Deckakt vollzieht sich in Sekunden. Trotzdem muß die Kätzin intensiv fühlen, denn sie stößt oft einen schrillen Schrei aus. Kaum hat der Kater seine Schuldigkeit getan, wird er vom Weibchen fauchend attackiert und bringt sich schleunigst außer Reichweite. Die Dame ist nicht etwa mit den Leistungen ihres Liebhabers unzufrieden, sondern reagiert lediglich angestaute Energie ab.

Durch die erste Paarung kommt eine Kätzin so richtig in Fahrt. Einmal erscheint ihr nicht genug, und nun ist sie es, die den Kater mit aller Raffinesse umwirbt. Sie stellt ihre Reize zur Schau, schmeichelt, reibt das Köpfchen an ihm, wälzt sich auf den Rücken, geht erneut in Begattungsstellung usw. Manchmal läßt sich der Kater überreden, oft jedoch zieht es ihn als ausgefuchsten Casanova bereits zur nächsten Braut. Die verlassene Kätzin nimmt das weiter nicht krumm, sondern sucht sich ebenfalls einen neuen Partner. Meist steht der nächste ohnehin schon in den Startlöchern, und so passiert es, daß die Kätzin von mehreren Katern befruchtet wird. Die Jungen eines Wurfes haben dann verschiedene Väter, doch die brauchen ja ohnehin keinen Vaterschaftsprozeß zu fürchten.

Nicht alle Kätzinnen frönen der freien Liebe. Manche Tiere sind »ihrem« Kater fürs ganze Leben treu und lassen keinen anderen an sich heran. Und das, obwohl der Erwählte laufend fremdgeht. Trotzdem kann er mit einer seiner Damen ein »festes Verhältnis« über Jahre pflegen. Die Tiere treffen sich täglich, auch außerhalb der Ranzzeit, und gehen sehr zärtlich miteinander um. Er holt sie meistens ab und bringt sie auch wieder nach Hause. Die große Liebe gibt es also auch bei Katzen.

Bei der Partnerwahl lassen Katzen verwandtschaftliche Bande völlig außer acht. Wer glaubt, daß zwischen Bruder und Schwester »nichts passiert«, der wird eines Besseren belehrt. Auch ein Sohn hat keinerlei Respekt vor dem Alter und geht jederzeit ein Verhältnis mit der Mutter ein. Freilaufende Katzen einer bestimmten Gegend sind meist irgendwie alle miteinander verwandt. Inzest ist für die Tiere kein Tabu, denn sie wissen ja nichts davon. Bei der Suche nach einem Partner interessiert nicht der eventuelle Verwandtschaftsgrad, sondern lediglich das Geschlecht.

Faulenzen

Das »Dolce far niente«, das süße Nichtstun, entspricht der kätzischen Natur. Nach erfolgreicher Jagd, dem Liebesabenteuer oder einem erbaulichen Spielchen begibt sich das Tier zur wohlverdienten Ruhe. Es beherzigt stets den Grundsatz: Genug getan für heute, blinder Eifer schadet nur. Über 60% ihres Lebens verschlummert die Katze. Zum Vergleich: Der Mensch kommt mit etwas mehr als 30% Schlaf aus. Findet die Katze an einem Tag zu wenig Schlaf, holt sie das Versäumte so schnell wie möglich nach. Müßte das Tier über längere Zeit auf das nötige Maß an Ruhestunden verzichten, würde dies gesundheitliche Schäden verursachen.

Wenn sich eine Katze aufs Ohr legt, läuft – ohne ihr Wissen – ein komplizierter Schlafrhythmus ab. Zunächst dämmert das Tier nur halbwach dahin. Dann folgt der leichte Schlaf, in dem sich die Katze noch häufig bewegt und zurechtrückt. Der leichte Schlaf geht über in die Tiefschlafphase. Jetzt träumt die Katze; das ist eine wissenschaftlich belegte Tatsache. Die Art der Träume wird uns allerdings ewig verborgen bleiben. Rückschlüsse auf die Erlebnisse im Schlaf lassen sich nur aus Beobachtungen ziehen: Manchmal fauchen oder schnurren Katzen im Traum, der Schwanz schlägt und die Pfoten zucken. Es muß wohl auch für Tiere gute und schlechte Träume geben. In der Tiefschlafphase scheint die Katze völlig weggetreten zu sein, doch der Eindruck täuscht. Das Gehör ist hellwach, die Ohren nehmen selbst jetzt die feinsten Geräusche auf. Sollte Anlaß dazu bestehen, steht das Tier aus dem tiefsten Schlaf sofort auf den Beinen.

Hohe Ansprüche stellt der Minitiger an seinen Schlafplatz. Er begibt sich durchaus nicht einfach irgendwo zur Ruhe, sondern wählt seine Schlummerstelle mit Sorgfalt aus. Selbst bei der Stubenkatze, die ja

Abb. 13: Selbst im tiefen Schlaf sind die Ohren noch empfangsbereit und halten Mieze auf dem laufenden.

Foto: Verein Deutscher Katzenfreunde e. V. / Stumpf

keinerlei Gefahr zu fürchten hat, macht sich ein Urinstinkt bemerkbar: Sie sucht nach einem möglichst geschützten Platz, an den »Feinde« (und seien es nur Ruhestörer aus der Familie) nicht unbemerkt herankommen. Eine Höhle gilt als Idealfall. Deshalb liegen Katzen zum Beispiel so gern im Schrank, in einer Schublade, in den Sprungfedern des Sofas oder auf einem Stuhl unterm Tisch.

Abb. 14: Diese weiße Perserkatze fühlt sich leicht irritiert.

Foto: tol

Von Bequemlichkeit hat das Tier ganz exakte Vorstellungen. Möglichst weich und kuschelig, vielleicht sogar weiß soll die Unterlage sein. Ein Federbett, in das man eine passende Kuhle treteln kann, erscheint dem Hausgenossen wie geschaffen für ein Nickerchen. Manche Katzen finden sogar den Weg unter den Bezug, und so entsteht wieder der gewünschte höhlenartige Eindruck. Auch das Wäschefach im Schrank ist ein Schlafplatz, der den verwöhnten Geschmack einer Katze genau trifft. Übrigens lieben Katzen nicht nur Weiches und Weißes, sondern auch die Wärme. Stundenlang läßt sich Mieze auf dem Fensterbrett die Sonne auf den Pelz brennen, und eine Ofenbank ist im wahrsten Sinne des Wortes für die Katz'.

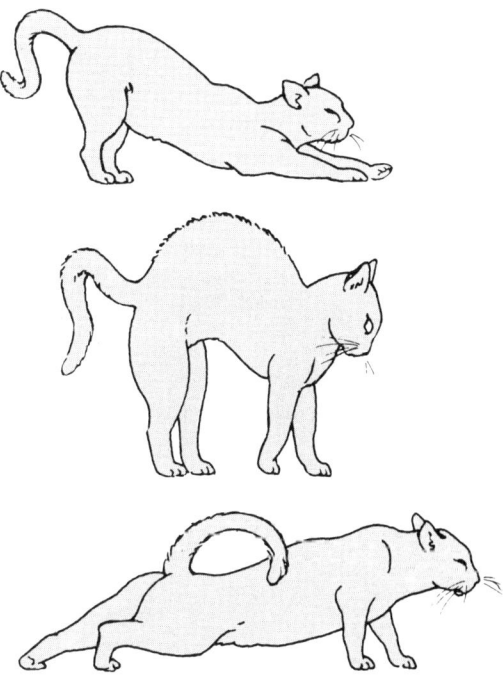

Abb. 15: »Frühgymnastik« nach dem Aufwachen. So fährt der Restschlaf aus den Gliedern, und die Blutzirkulation kommt wieder in Gang.

Wie bei allen Warmblütern, so sinkt auch bei der Katze während des Schlafes die Körpertemperatur etwas ab. Erst Bewegung sorgt wieder für den normalen Stand zwischen 38 und 39°C. Deshalb vollzieht die Katze nach dem Aufwachen ein gleichbleibendes Zeremoniell: Sie gähnt ausgiebig, erhebt sich langsam und dehnt dann jedes Glied des Körpers. Meist werden zuerst die Vorderbeine kräftig gestreckt. Dabei krallt sich die Katze nach Möglichkeit in den Boden oder eine ähnlich griffige Unterlage ein und schafft sich so einen gewissen Widerstand. Anschließend ist der Katzenbuckel an der Reihe. Die Beine werden lang und steif, die Mitte des Körpers wölbt sich so weit es geht nach oben. Als Beendigung der Gymnastik streckt das Tier noch die Hinterbeine. Jetzt ist die Blutzirkulation wieder in Gang, alle Muskeln sind gelockert, und die Katze fühlt sich fit zu neuen Taten.

Die Sprache der Katze

Die Katze besitzt ein unendlich reichhaltiges Repertoire an Möglichkeiten, um sich mitzuteilen. Dies erstaunt um so mehr, da die Katze von ihrer Art her gar nicht so sehr auf Sprache angewiesen scheint. Ein Rudeltier muß sich laufend mit seinen Verwandten und Bekannten verständigen und benötigt dazu unbedingt vielfältige Ausdrucksformen. Dagegen kann sich ein Einzelgänger durchaus »Einsilbigkeit« leisten – möchte man meinen. Doch der Schein trügt. Selbst eine Wildkatze und erst recht eine Hauskatze lebt nie ohne Kontakt zu ihren Artgenossen. Da wird in Revierangelegenheiten kommuniziert, und Kater machen sich im Wettstreit um eine Kätzin gegenseitig den Standpunkt klar. Beim Liebeswerben haben sich Katzen sehr viel zu sagen, und später unterhält sich die Katzenmutter mit ihren Jungen. Dies alles zeigt, daß Katzen einen großen »Wortschatz« besitzen.

Wir Menschen verständigen uns in erster Linie durch die Lautsprache, während der Körpersprache zumindest in unseren Breiten eine untergeordnete Rolle zukommt. Wir wenden sie an, aber eher unbewußt. Bei Katzen ist das weltweit anders. Sie benutzen vorrangig ihren gesamten Körper, vom Schnurrbart bis zur Schwanzspitze, um Wünsche, Gefühle, Stimmungen usw. auszudrücken. Die Körpersprache setzt sich zusammen aus Körperhaltungen, Mimik und Gesten und wird letztendlich durch die Lautsprache ergänzt.

Während ein Menschenkind seine Muttersprache in den ersten Lebensjahren mehr oder weniger leicht erlernt, brauchen sich Katzenkinder damit nicht zu belasten. Ihnen sind alle arttypischen Ausdrucksformen angeboren – ebenso wie die Fähigkeit, andere Katzen zu verstehen. Schon das wenige Tage alte Kätzchen, das sich versehentlich aus dem Wurflager entfernt hat, findet die passenden »Worte«: Es maunzt, und sofort wird es von der Mutter abgeholt.

Sie geht davon aus, daß sich ihre Kinder im Fall des Falles melden. Ein Junges, das nur stumm irgendwo ausharrt, betrachtet die Mama nicht als verloren.

Sämtliche Ausdrucksformen, mit denen sich Katzen untereinander verständigen, wendet das Tier auch gegenüber dem Menschen an. Wenn beide eng zusammenleben, kann die Katze ihren Sprachschatz sogar etwas erweitern. Sie lernt aus Erfahrung, wie man bestimmte Dinge am besten verständlich macht.

> Unser Tino kullerte beispielsweise seine leere Futterschüssel klappernd durch die Küche, was soviel hieß wie: »Ich will jetzt endlich mein Essen.« Irgendwann hatte er völlig ohne Hintergedanken mit der leeren, leichten Schüssel gespielt, worauf sie gefüllt wurde. Tino begriff wohl den Zusammenhang und vergrößerte seinen »Wortschatz«.

Bedeutung der Körpersprache

Körperhaltung

Sie drückt Gefühle besonders deutlich aus. Die Körperhaltung verschiebt sich förmlich unter dem »Druck« von Freude, Angst, Aggressivität usw. Wie beim Menschen, so ist es grundsätzlich auch bei der Katze: Sie macht sich möglichst hoch, wenn sie Selbstsicherheit oder Freude zeigen will. Scheu oder Angst dagegen veranlassen zum Ducken.

Auch die *Kopfhaltung* spricht Bände:

- Fühlt sich die Katze überlegen, ist sie gut gelaunt, dann trägt sie den Kopf hoch.

- Streckt sie ihn neugierig vor, möchte sie Bekanntschaft schließen. Ob ihr der erste Eindruck gefällt oder nicht, entscheidet sich dann recht schnell.

- Wird der Kopf gesenkt, will die Katze niemanden provozieren oder ist einfach desinteressiert.

- Wenn die Katze die Nase hoch hält und dabei den Kopf weit nach hinten zieht, dann heißt das: »Laß mich in Ruhe, geh weg, du bist mir unangenehm.«

- Wird der Kopf zur Seite gedreht und blickt die Katze bewußt weg, zeigt sie damit Verlegenheit. Oder sie will verhindern, daß eine aggressive Stimmung entsteht.

Das *Fell* der Katze liegt im Normalzustand dicht an. Die Haare lassen sich jedoch jederzeit aufrichten. Wird das Tier in Furcht und Schrecken versetzt, sträubt sich das Fell am ganzen Körper. Eine haarsträubende Situation entsteht auch dann, wenn ein Gegner bedroht oder gar angegriffen werden soll. In diesem Fall stellen sich nur die Haare am Rückgrat entlang und am Schwanz auf. Der Katze schwillt im wahrsten Sinne des Wortes der Kamm.

Mit dem *Schwanz,* der viel beweglicher ist als die Rute eines Hundes, verrät die Katze ihre momentanen Stimmungslagen:

- In ausgeglichener Normalstimmung hängt der Katzenschwanz einfach herunter.

- Ein hochgereckter Schwanz signalisiert normalerweise Freude. Ein Freund wird zur Analkontrolle eingeladen. Das Hochstrekken des Schwanzes kann aber auch größte Wut bedeuten, zum Beispiel beim Kampf der Kater.

- In übermütiger Spiellaune nimmt der Schwanz die Form eines Fragezeichens an.

- Wird der Schwanz ruckartig hin- und herbewegt, ist das Tier erregt – ganz egal, ob ein positiver oder ein negativer Grund dafür vorliegt.

- Peitscht der Schwanz schließlich von einer Seite zur andern, ist die Katze sehr verärgert. Schnellt der Schwanz plötzlich hoch, greift das Tier unter Umständen im selben Moment an.

- In Drohstellung ist der Schwanz nur an der Wurzel hochgezogen, die Spitze zuckt erregt.

Wenn man all das zusammenfaßt, ergeben sich folgende charakteristische und aussagekräftige Körperhaltungen:

Haltung 1:

Wenn sich die Katze freut und beispielsweise den heimkommenden Menschen begrüßt, scheinen die Beine zu wachsen. Der Kopf ist erhoben, der Körper wölbt sich leicht nach oben, der Schwanz steht stramm hoch, nur die Spitze spielt ein wenig. In dieser Haltung umstreicht das Tier die Beine »ihres« Menschen.

Haltung 2:

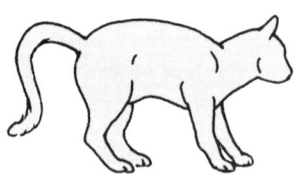

Eine übermütige, zum Spielen aufgelegte Katze hält den Kopf hoch und formt den Schwanz zum Fragezeichen. So vollführt das Tier fröhliche Bocksprünge, galoppiert durch die Wohnung und wagt womöglich blitzschnell einen spielerischen Angriff auf eine andere Katze, den Menschen oder auch nur auf ein Spielzeug.

Moritz pirscht durchs Geäst und hat etwas entdeckt, was seine Aufmerksamkeit fesselt.

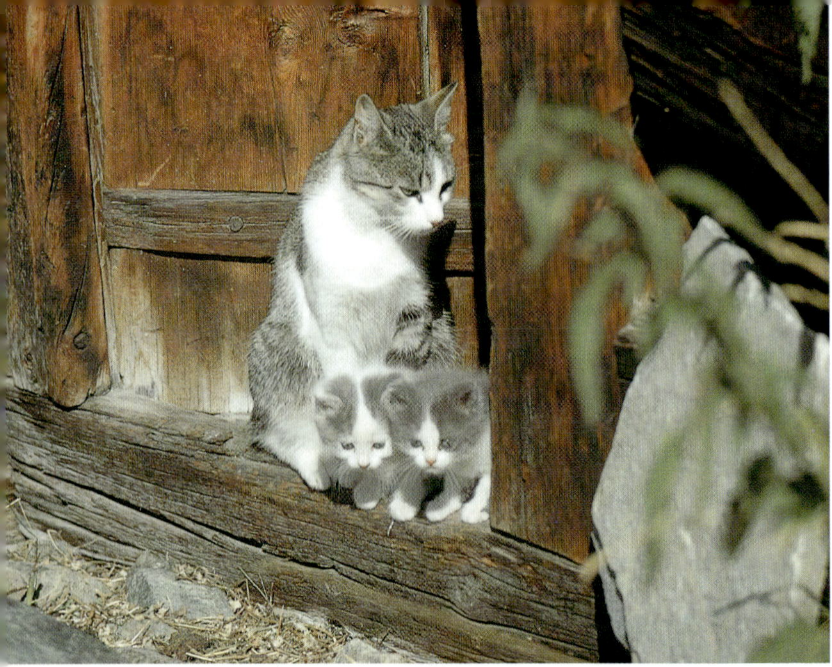

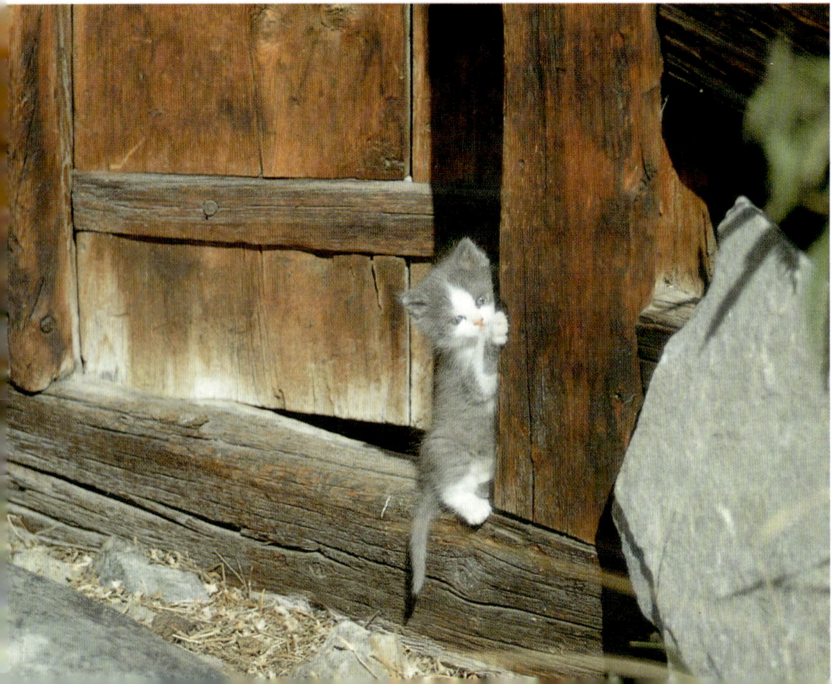

Haltung 3:

Hat die Katze Angst, schrumpft sie zusammen. Beim Davonlaufen macht sie sich möglichst niedrig und lang.

Haltung 4:

Sieht die Katze keinen Ausweg aus einer furchterregenden Situation, kauert sie sich in eine Ecke und zeigt Abwehrbereitschaft für den Fall, daß der Gegner angreift beziehungsweise die Individualdistanz unterschreitet.

Haltung 5:

Eine Katze, die einer anderen imponieren möchte oder sie bedroht, wird hinten etwas höher als vorn. Das sieht besonders gefährlich aus. Notfalls geht das überlegene Tier aus dieser Stellung auch voll zum Angriff über.

Oben: Unter Mutters wachsamen Augen lugen die Katzenkinder in die noch unbekannte Welt.
Unten: Ist die Luft rein?

Haltung 6:

Manchmal schlagen zwei Herzen in des Minitigers Brust. Soll er angreifen oder sich lieber zurückziehen? Diesen inneren Zwiespalt spiegelt die Körperhaltung wider: Das Hinterteil scheint kräftig nach vorn zu schieben, während die vordere Körperhälfte rückwärts strebt. Aus dieser Stellung kann sich die Katze sekundenschnell entscheiden – angreifen oder Fersengeld geben.

Haltung 7:

Tendiert die Katze schließlich mehr zum Rückzug, buckelt sie, geht hinten leicht in Kauerhaltung und senkt den Kopf. Trotzdem ist das Tier noch immer bereit, sich – wenn nötig – zu verteidigen.

Haltung 8:

Halten sich Angriffs- und Abwehrbereitschaft die Waage, dann scheint der Körper in größter Wut zu explodieren. Die Katze richtet sich hoch auf, zeigt mit gesträubtem Fell den bekannten Buckel und reißt den Schwanz in die Höhe.

Natürlich ist es unmöglich, sämtliche Körperhaltungen aufzuführen. Der Übergang von normal bis hin zu aggressiv vollzieht sich nicht abrupt, sondern oft ganz langsam. Jede Stufe der wachsenden Erregung schlägt auf die Körperhaltung durch. Sehr häufig passiert es, daß sich zwei gegensätzliche Gefühle überlagern, also beispielsweise Angst und Angriffsbereitschaft. In diesem Fall spiegelt der Körper beides wider.

Mimik

Untrennbar verbunden ist der Gefühlsausdruck des Körpers mit der Gesichtsmimik. Ohren, Augen, Lippen, Tasthaare und sogar die Stirn verändern sich und damit den gesamten Gesichtsausdruck je nach Stimmungslage.

- Die Katze runzelt die *Stirn* und drückt damit Mißfallen oder auch Verwunderung aus.

- Mit der Stellung der *Schnurrbarthaare* signalisiert die Katze ihre momentane Stimmung:

a In entspannter Haltung (Normalstellung) zeigen die Oberlippen keine Besonderheit. Die Schnurrhaare stehen zur Seite und sind kaum gefächert (Abb. a).

b Gerät die Katze jedoch in Erregung, ob positiver oder negativer Art, schon bekommt sie dicke Bäckchen. Dieser Eindruck entsteht, weil sich der Schnurrbart nach vorn stellt und breit fächert. Die Katze hat ihre »Radarstation« auf Empfang gestellt (Abb. b).

c Wird die Katze mißtrauisch oder ängstlich, legen sich die Schnurrhaare eng ans Gesicht. Die Lippen bilden eine dünne Linie. So wirkt das Gesicht schmal und spitz (Abb. c).

Abb. 16 a–c: Stellungen der Schnurrbarthaare.

● Die *Augen* der Katze bewegen sich nicht (siehe Seite 24 f.), doch das Verengen und Erweitern der Pupillen beeinflußt den Gesichtsausdruck. Normalerweise vollziehen sich Veränderungen durch den Lichteinfluß, aber es gibt auch noch andere Gründe. Wut, Angst und Liebe machen die Pupillen groß.

Wenn sich die Katze wohlfühlt und entspannt ist, dann schließt sie die Augen bis auf einen schmalen Schlitz und blinzelt zufrieden.

● Das deutlichste Stimmungsbarometer bilden jedoch Miezes *Ohren.* Mit den verschiedenen Stellungen zeigt die Katze an, wie ihr gerade zumute ist. Daß sie die Ohren nicht nur synchron, sondern auch unabhängig voneinander bewegen kann, wird dann besonders deutlich, wenn in dem Tier zwei verschiedene Gefühle miteinander ringen. Soll ich oder soll ich nicht? Die Entscheidung ist gefallen, sobald beide Ohren den gleichen Ausdruck haben.

Abb. 17: Nur die »Frisur« gibt dieser Langhaarkatze den grimmigen Ausdruck. Die Ohren signalisieren jedoch keine besondere Gefühlsregung.

Foto: tol

Haltung 1:

So ist der Gesichtsausdruck der Katze völlig entspannt. Nichts erregt ihre Aufmerksamkeit. Die Ohren sind in Normalstellung, die Augen nur halb geöffnet.

Haltung 2:

Das Tier zeigt höchste Aufmerksamkeit: Die Ohrmuscheln sind nach vorn gedreht, die Augen weit geöffnet.
Mit derselben Ohrenstellung geht die Katze auch zum Angriff über. Der Körper ist dann jedoch in Drohhaltung.

Haltung 3:

Etwas erregt den Unmut des Tieres. Die Ohrmuscheln drehen sich leicht nach außen.

Haltung 4:

Ein gestelltes und ein angelegtes Ohr zeigen Unsicherheit oder Unentschlossenheit. Die Katze fühlt sich nicht wohl in ihrer Haut und kämpft noch um die richtige Entscheidung.

Haltung 5:

Flach zur Seite gelegte Ohren bedeuten, daß sich die Katze äußerst unwohl fühlt, eventuell Angst hat und latent abwehrbereit ist.

Haltung 6:

Wenn die Ohren leicht nach hinten gelegt und die Ohrmuscheln stark seitlich gedreht sind, ist die Katze trotz Angst sofort zur Abwehr bereit.

Haltung 7:

Fauchend und mit flach an den Kopf gepreßten Ohren wehrt die Katze in höchster Not einen Angreifer ab.

Abb. 18: Ohrenstellungen der Katze, Indikatoren für Zuwendung und Entspannung oder Anspannung und Aggressivität.

Während zur Körperhaltung immer die passende Mimik gehört, wird das Mienenspiel nicht grundsätzlich von Bewegungen begleitet. Die Katze kann regungslos liegen, nur ihre Miene ändert den Ausdruck. Er spiegelt zum Beispiel zunächst entspannte Gleichgültigkeit wider, dann vielleicht Aufmerksamkeit, weil ein Geräusch oder eine Bewegung das Interesse des Tieres weckten. Ebenso kann das Mienenspiel Unbehagen oder leichte Gereiztheit ausdrücken. Erst wenn sich ein positiver oder negativer Erregungszustand verstärkt, gerät die ganze Katze in Aktion.

Das unauffällige Mienenspiel wird von vielen Menschen nicht verstanden beziehungsweise gar nicht beachtet. Deshalb geriet die

Katze in Verruf, falsch zu sein. Da streichelt man dem Minitiger auf dem Sofa zärtlich übers Fell und erhält als Dank einen schmerzhaften Kratzer. Tatsächlich aber hat die Katze den Menschen vor einer Annäherung gewarnt – freilich vielleicht nur durch das leichte Drehen eines Ohres. Was kann das Tier dafür, wenn der Mensch seine Sprache nicht versteht?

Unter bestimmten Umständen jedoch kann die Warnung wirklich ausbleiben. Gerade gegenüber sehr nahestehenden, eng befreundeten Menschen reagiert die Katze manchmal völlig unerwartet kratzbürstig. Selbst das ist keine Falschheit, sondern aus Katzensicht ganz normales Verhalten. Unter Katzen – und das Tier betrachtet den Menschen ja als einen besonderen Artgenossen – gelten Regeln, die man einfach beachtet. Dazu gehört beispielsweise, daß eine Katze das Ruhebedürfnis der anderen respektiert. Von einem nahestehenden Freund wie dem Menschen erwartet die Katze, daß er diese und ähnliche Gepflogenheiten kennt – ebenso wie die übliche Strafe bei Mißachtung. Also hält die Katze eine Warnung für überflüssig.

Gestik

Körperhaltung und Mimik werden von Gefühlen und Stimmungen automatisch ausgelöst, ob die Katze nun will oder nicht. Etwas besser steuern kann sie dagegen ihre Gestik, mit der sie Wünsche und Forderungen zum Ausdruck bringt, aber auch Gefühlslagen zeigt und Warnungen ausspricht. Katzen besitzen eine Vielzahl angeborener und wohl auch angelernter Gesten, die variantenreich und zweckorientiert eingesetzt werden. Gerade das Zusammenleben mit dem Menschen macht die Tiere offensichtlich erfinderisch. Die Gestensprache wird häufig benutzt, wenn die Katze etwas für sich erreichen möchte – Aufmerksamkeit, ein paar Streicheleinheiten, Futter oder einen Platz im warmen Bett. Hier nur einige der besonders häufigen Gesten und ihre Bedeutung:

Nase reiben	*höchster Vertrauens- und Liebesbeweis;* *die Katze hat zärtliche Gefühle*
Köpfchengeben	*Schmuseverhalten;* *die Kätzin umwirbt den Kater beziehungsweise den Menschen*

Sanftes Berühren mit der Pfote	*Liebkosung;* *die Katze bringt sich in Erinnerung*
Abtasten mit den Barthaaren	*Zärtlichkeit;* *Kennenlernen*
Beschnuppern	*Kennenlernen*
Auf den Rücken rollen	*die Katze fühlt sich sehr wohl;* *der Mensch soll den Bauch kraulen;* *der Sexualpartner soll in Stimmung kommen*
Um die Beine streichen	*Begrüßung;* *die Katze will etwas erbetteln, beispielsweise Futter*
Anspringen	*Aufforderung zum Spiel;* *Ärger;* *Abreagieren des Jagdinstinkts*
Pfote leicht heben	*Warnung, nicht näher zu kommen*
Treteln	*Wohlbehagen*
Lecken	*Liebkosung*
Belecken der nackten Zehen des Menschen	*Genuß, denn die Katze liebt den leicht salzigen Geschmack*
Kopf wegdrehen	*Verlegenheit, Scham*
Mäulchen lecken	*Vorfreude aufs Futter*
Gähnen	*Langeweile*

Bedeutung der Lautsprache

Die meisten Säugetiere lassen sich vorwiegend in Erregungszuständen zu Lautäußerungen hinreißen und sind sonst eher wortkarg. Die Katze dagegen gebraucht ihre Stimme auch, um sich zu unterhalten: Der Kater sitzt mit seiner Liebsten leise plaudernd im Garten. Wenn der Minitiger von einem Ausflug heimkehrt, erzählt er »seinem« Menschen »wortreich« die bestandenen Abenteuer. In der Kinderstube palavert die Katzenmutter mit ihren hoffnungsvollen Sprößlingen. Sogar Selbstgespräche konnte ich erlauschen und inhaltlich erahnen:

> Wenn unser Kater Peter erfolgreich Jagd auf eine Stubenfliege machte und ihm die Beute im letzten Moment doch wieder durch die Krallen rutschte, verzog sich der Genarrte in seinen Korb. Dort saß er dann und miaute noch eine Weile empört und verärgert vor sich hin.

Selbst wenn man eine wildfremde Katze draußen im Vorübergehen anspricht, erhält man unter Umständen Antwort. Das Tier sagt zwar nicht »hallo«, sondern »miau«, doch das kommt aufs gleiche heraus. Mit meinen eigenen Katzen führte ich oft lange Zwiegespräche, und ich weiß bis heute nicht, wer wen besser verstand. Wenn ich aber spaßeshalber das Miauen nachahmte, reagierten die Tiere oft verärgert und beendeten die Unterhaltung. Wer weiß, was ich in meiner Unwissenheit von mir gab...

Katzen sagen nicht einfach nur »miau«. Sie können maunzen, gurren, schnurren, knurren, grollen, kreischend schreien, spucken und fauchen. Und all das mit unterschiedlichstem Ausdruck sowie in zahlreichen Tonlagen. Wollte man den »Wortschatz« einer Katze grob einteilen, dann in Erregungslaute, Rufsignale, fordernde Töne und Plaudertöne. Wieviel Varianten es innerhalb dieser Gruppen gibt, hat bisher noch niemand verbindlich nachgewiesen.

Die Katze miaut laut und deutlich. Nicht immer wird dieses »Miau« voll ausgesprochen. Manchmal klingt es auch wie »mau«, »mao« oder »ma«. Ganz junge Katzen bringen oft nur ein »Miuu« heraus. Die erwachsene Katze kann dem »Miau« einen fragenden, freudigen, zufriedenen, unzufriedenen, klagenden, gelangweilten, rufenden, erregten oder sonstigen Klang geben, eben wie es die jeweilige Situation erfordert.

Maunzen und Gurren sind Abwandlungen des Miauens. LEYHAUSEN stellte fest, daß eine ganz spezielle Art des Gurrlauts von der

Katzenmutter ausgestoßen wird, wenn sie ihren Jungen Beute zum Jagdunterricht mitbringt. Am Tonfall dieses Gurrens können die Kleinen erkennen, ob Mama eine ungefährliche oder eine gefährliche Beute im Maul trägt. Als harmlos gilt eine Maus, während bei einer Ratte Vorsicht geboten ist. Das besagt der Gurrlaut, und die jungen Katzen verhalten sich entsprechend.

Was gibt es Gemütlicheres als eine schnurrende Katze? Das Schnurren drückt Wohlbehagen aus, hat aber außerdem eine tiefere Bedeutung. Unter Katzen wird zu verschiedenen Anlässen geschnurrt. So schnurren Jungtiere während des Saugens, und die Mutter erfährt nebenher, daß es ihren Kindern gut geht. Sie selbst nähert sich schnurrend dem Lager, um kundzutun: »Keine Angst, ich bin's.« Ältere Katzen schnurren sich an, um ihre freundliche Gesinnung zu zeigen. Tiere, die sich gut kennen, fordern sich schnurrend zum Spielen auf. Ferner schnurrt die Katze, wenn sie schwer krank ist. Dann geht es ihr nicht etwa besser, sondern sie will lediglich instinktiv mögliche Angreifer beschwichtigen.

Wenn man einer Katze ins Gesicht bläst, fährt sie erschrocken zurück. Sie hat den Eindruck, als würde sie von einer Artgenossin angefaucht. Um diesen stimmlosen Abwehrlaut zu erzeugen, öffnet die Katze das Maul, zieht die Oberlippe nach oben, wölbt die Zunge hoch und stößt kurz und kräftig Atemluft aus. Bevor eine Katze so richtig losfaucht, zeigt sie eventuell erst die damit verbundene Mimik ohne Luftausstoß. So mancher Gegner läßt sich schon allein davon beeindrucken. Das Fauchen wird nicht nur von Katzen, sondern auch von vielen anderen Tieren verstanden.

Ein kurzes, heftiges Fauchen nennt man Spucken. Zur Unterstützung dieser Warnung schlägt das Tier mit den Vorderpfoten auf den Boden. Das wirkt gefährlich und hindert unter Umständen einen Gegner daran, sich auf weitere Streitigkeiten einzulassen.

Leider besitzen wir für die Lautsprache kein Wörterbuch zum Übersetzen, und so wird der wörtliche Sinn von »Miau« und ähnlichen Lauten ewig verborgen bleiben. Die Deutung muß eben im Zusammenhang mit der Körpersprache und der jeweiligen Situation erfolgen. Generell kann man sagen, daß die einzelnen Lautäußerungen gegenüber dem Menschen in folgenden Zusammenhängen benutzt werden:

Miauen	*Die Katze ruft oder begrüßt ihren Partner oder erzählt ganze »Romane«.*
	Ein sehr helles »Miau« läßt auf Mißstimmung schließen.
Maunzen	*So plaudert die Katze entspannt mit ihrem Menschen.*
	Herumgemaunzt wird aber auch aus Langeweile oder Verdruß. Maunzen kann Nörgelei sein oder leise Zustimmung.
	Außerdem maunzt die Katze, um dem Menschen etwas abzubetteln – zum Beispiel einen Leckerbissen.
Gurren	*Hier handelt es sich fast immer um zartes Liebesgeflüster, das in Schmusestunden auch gegenüber dem menschlichen Partner angewendet wird.*
Knurren und Grollen	*Ausdruck von Unsicherheit, Angst oder verhaltener Wut. Bei dieser Lautäußerung ist immer Vorsicht geboten, denn das Tier ist unter Umständen angriffsbereit.*
Kreischendes Schreien	*Die Katze ist in großer Bedrängnis oder leidet Schmerzen.*

Fauchen	*Die Katze faucht aus Schreck, Angst und Wut, manchmal auch aus Verlegenheit oder Unsicherheit. Was immer der Anlaß sein mag, einer fauchenden Katze sollte man nicht zu nahe treten.*
Spucken	*Die Katze droht oder warnt. Das sieht zwar böse aus, doch meistens ist nichts dahinter. Wenn's drauf ankommt, macht das Tier einen Rückzieher.*
Schnurren	*Mit diesem angenehmen, beruhigenden, gemütlichen Geräusch drückt die Katze normalerweise Wohlbehagen und Freude aus. Der Minitiger schnurrt sich im warmen Bett selbst etwas vor, schnurrt, wenn er gestreichelt wird, zur Begrüßung, beim Schmusen, in Vorfreude auf ein leckeres Mahl usw.*

So lernt man sich verstehen

Ein engagierter Katzenhalter kommt mit der Sprache seines Haustiers schon nach kurzer Zeit ganz gut zurecht. Die Katze wirkt wie eine geduldige Lehrerin, die für begriffsstutzige Schüler ständig wiederholt. Der Mensch lernt, indem er das Tier aufmerksam beobachtet. Dabei fällt eben jenes wiederholt gleiche Verhalten in bestimmten Situationen auf und läßt sich aus dem Zusammenhang verstehen. Die Körpersprache hat man so relativ schnell im Griff. Für die Lautsprache benötigt der Katzenhalter schon etwas mehr Begabung und vor allem ein feines Gehör für Nuancen. Selbst das Schnurren als unzweifelhaftes Zeichen für Wohlbehagen kann noch den Grad jenes wonnigen Gefühls ausdrücken. Doch mit der Zeit lassen sich tatsächlich die meisten Laute richtig deuten – sogar dann, wenn die Katze außer Sichtweite ist. Wenn unsere Katze im Garten miaute, wußte ich stets genau, ob es ihr langweilig war, ob sie sich über etwas ärgerte, ob Gefahr drohte oder ob ich gerufen wurde. Übrigens: Die Katzensprache ist eine Weltsprache. Wer sie versteht, kommt überall mit Katzen klar.

Freilich macht das Zusammenleben von Mensch und Katze gegenseitiges Verstehen notwendig. Das heißt, der Hausgenosse muß die menschliche Ausdrucksweise verstehen. Wie leicht sich ein Tier damit tut, erstaunt immer wieder. Verständlicherweise lernen Katzen völlig problemlos, wenn sie bei Menschen aufgewachsen sind. Aber auch ältere Tiere haben schnell den notwendigen Durchblick, wenn sie erst in späteren Jahren eine enge Gemeinschaft mit dem Menschen eingehen. Die Erklärung: Katzen steht viel Zeit zur Verfügung, um den menschlichen Partner zu beobachten.

Da für sie selbst die Körpersprache besonders wichtig ist, wird dieser Ausdrucksform auch beim Menschen große Beachtung geschenkt. Obwohl wir bewußt wenig mit dem Körper sprechen, entstehen doch vielfältige, für Mieze eindeutige Bewegungen. Sie erkennt daher oft, was wir wollen, noch bevor es ausgesprochen oder getan wurde.

Um die Lautsprache zu verstehen, braucht Mieze etwas länger. Das Tier orientiert sich normalerweise am Wortklang und an der Stimmlage. Das Ausmaß des Lernerfolgs hängt letztendlich von der Intelligenz der Katze ab. Katzenfreunde neigen zwar zu der Behauptung: »Mein Mohrle versteht jedes Wort.« Und tatsächlich lernt Mohrle mit der Zeit einige Reizworte. Eine alte, menschenerfahrene Katze kennt Worte, die für sie von größter Wichtigkeit sind. Man bemerkt das immer wieder verblüfft. So kann beispielsweise im zwanglosen Gespräch am Familientisch das Wort »hierbleiben« fallen, und schon reagiert die Katze. Sie verzieht sich beleidigt in ihr Körbchen, obwohl sie diesmal gar nicht gemeint war. Aber wenn Frauchen weggeht, heißt es jedesmal: »Du mußt hierbleiben.« Im Laufe eines Katzenlebens häufen sich bestimmt eine ganze Menge solcher Reizworte. Generell jedoch hört auch die alte Katze in erster Linie auf den Klang der Worte.

Damit Sie Ihre Katze verstehen lernen, sollten Sie ...

... das Tier mit Interesse beobachten.

... sich viel mit Mieze beschäftigen.

... die Katze am Familienleben teilnehmen lassen.

... keine menschlichen Verhaltensmaßstäbe anlegen.

... die Katze nicht mit dem Hund vergleichen.

... Erfahrungen mit anderen Katzenhaltern austauschen.

... Literatur über Katzen lesen.

... sich im Notfall von einem Fachmann (Tierarzt, Züchter etc.) beraten lassen.

Damit Ihre Katze Sie versteht, sollten Sie ...

... sehr viel in ruhigem Tonfall mit ihr sprechen.

... bestimmte Aussagen mit Gesten verbinden (z. B. »Komm her« mit Winken).

... für wichtige Dinge, Tätigkeiten, Aufforderungen usw. immer dieselben Worte verwenden.

Verschlüsselte Mitteilungen

Vieles kann die Katze »ihrem« Menschen durch die Körper- und Lautsprache verständlich machen – Glück, Freude, Ärger, Schmerz, Wünsche usw. Trotzdem genügen diese Ausdrucksformen leider nicht, wenn es für das Tier darum geht, Probleme zu bewältigen. Das Leben ist schließlich auch oder gerade für eine Stubenkatze nicht immer ganz leicht, selbst wenn sie vom Menschen behütet und bestens versorgt wird.

Das Tier hat keine Möglichkeiten, sich auszusprechen, über Schwierigkeiten zu diskutieren. Und es reagiert im Grunde nicht anders als ein Mensch in derselben Situation: Die Belastungen werden in – für Außenstehende – unbegreiflichem Verhalten oder körperlichen Störungen ausgedrückt. Wenn Mieze beispielsweise urplötzlich ihre guten Manieren vergißt und ihr Geschäft überall verrichtet, dann kann das ein Hilferuf an den Menschen sein: »Siehst du denn nicht, daß ich unglücklich bin?«

Logischerweise fällt nur negatives Verhalten besonders auf. Viele Katzenbesitzer suchen den Grund dann einfach in der Gleichgültigkeit, Launenhaftigkeit oder gar Boshaftigkeit ihres Haustiers – und irren gewaltig. Sofern keine organische Erkrankung vorliegt, muß abnormales oder einfach unverständliches Verhalten immer als Mitteilung betrachtet werden. Doch selbst bei gutem Willen läßt sich die Handlungsweise einer Katze nur selten mit einem Blick durchschauen. Auf die richtige Spur führt meistens die Klärung einer wesentlichen Frage: Was hat sich in letzter Zeit für die Katze in ihrem Lebensrhythmus, ihrer Umgebung oder ihrer Bezugsperson geändert? Um Selbstkritik kommt man dabei nicht herum. Letztendlich ist es immer der Mensch, der, wenn auch unbewußt, seinen samtpfötigen Liebling auf irgendeine Weise vergrämt. Ist das

Grundübel erst gefunden, gibt es normalerweise immer Wege, um es zu beheben.

Katzen haben zahlreiche Verhaltensweisen, mit denen sie dem Menschen etwas sagen wollen. Es liegt an ihm, dafür das notwendige Feingefühl zu entwickeln. Hier können nur einige besonders auffällige und häufig auftretende Ausdrucksformen beschrieben werden.

Stubenunreines Verhalten

Katzen sind von Natur aus sauber. Schon in der Kinderstube machen sie die Erfahrung, daß man das eigene Heim nicht beschmutzt. Zuerst räumt die Mutter alles weg, und sobald die Kätzchen laufen können, verspüren sie selbst den Drang nach draußen. Spätestens mit drei Monaten ist eine kleine Katze stubenrein – vorausgesetzt, man stellt ihr rechtzeitig das Katzen-Klo zur Verfügung. Ein Haustier, das im genannten Alter noch nicht sauber ist, wird es voraussichtlich nie mehr oder höchstens noch unzuverlässig. Schuld daran können schlichtweg Dummheit oder Instinktverlust sein. Letzteres findet man in erster Linie bei Rassekatzen, deren Züchter nur Wert auf Schönheit legen.

> Kater Joschi ist dafür ein trauriges Beispiel: Er benutzt das Katzen-Klo – und schläft zufrieden auf dem eigenen Dreck. Allerdings entleert sich Joschi auch andernorts. In seinen Jugendtagen bevorzugte er die Badewanne; kein Trick konnte ihn davon ablenken. Als die leidgeprüften Katzenhalter schließlich für einen konstanten Wasserstand in der Wanne sorgten, wich Joschi ins Waschbecken oder in die Spüle aus. Zu guter Letzt setzte man alle Hoffnung auf die Kastration. Joschi legte seine Vorliebe für Becken jeder Art auch wirklich ab – und verteilt seine Häufchen seither im Treppenhaus. Ein Fall, für den es wohl keine Lösung gibt.

»Hier bin ich daheim«

Meistens werden kleine Katzen zunächst nur im Haus gehalten und ans Kistchen gewöhnt. Wenn sie dann ins Freie dürfen, erwartet der Mensch, daß auch die diversen Geschäftchen draußen erledigt wer-

---

Katzenaugen wirken faszinierend und geheimnisvoll.

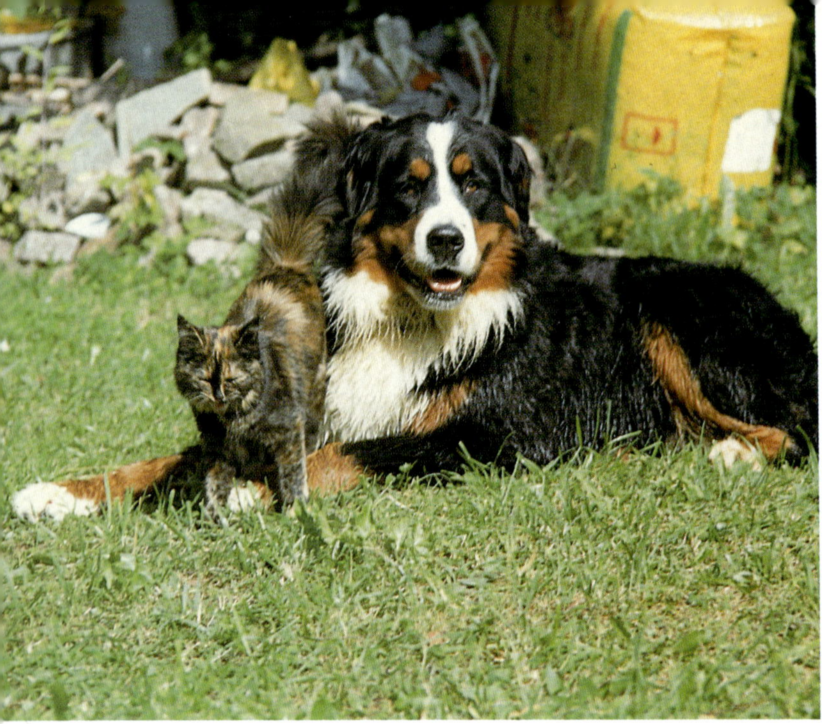

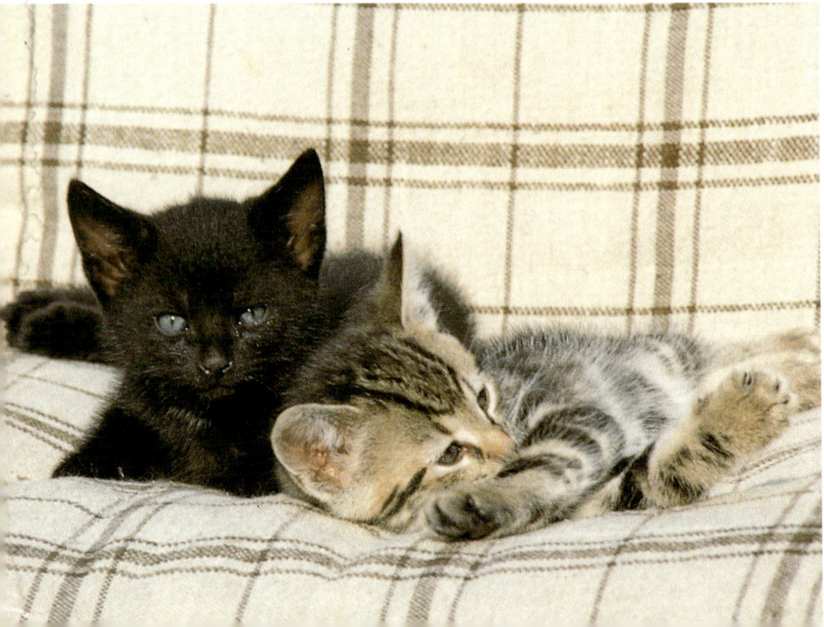

den. Das Katzen-Klo verschwindet, und damit beginnt der Ärger. Das Tier liebt den Garten und will kaum noch rein. Doch wenn der Bauch zwickt, saust die kleine Katze ins Haus und sucht nach dem vertrauten Kistchen – vergeblich. Also muß sie in höchster Not einen anderen Platz finden.

Der Mensch versteht das nicht. Schließlich hat die Katze doch im Freien genügend Möglichkeiten. Die Katze aber ist ein Gewohnheitstier. Von klein auf ging sie aufs Kistchen, konnte ihr Geschäft hier sicher und ungestört verrichten und wurde dafür sogar noch gelobt. Die Katze bringt dadurch die wichtige Tätigkeit eng mit dem Zuhause in Verbindung. Das Draußen dagegen ist fremd und neu. Wie soll man sich da entspannt hinhocken?

Abhilfe: Wenn die Katze erst Vertrauen zur Außenwelt hat und ihre Streifzüge ausdehnt, wird sie sich automatisch auch im Freien entleeren. Mindestens bis zur Geschlechtsreife sollte man im Haus das Katzen-Klo belassen. Vorausblickende Katzenhalter bleiben auch später bei dieser Einrichtung, selbst wenn sie kaum noch oder gar nicht mehr genutzt wird. Es entsteht bestimmt eines Tages die Notwendigkeit, das Tier im Haus zu halten. Dann wird die Katze selbstverständlich das vertraute Kistchen wieder annehmen.

»Das ist mein Revier«

Wenn Kater geschlechtsreif werden, markieren sie ihr Territorium mit Urin und einem Sekret aus den Analbeuteln (siehe Seite 22). Manchmal reicht das aber offenbar nicht aus, um sich gegenüber den Artgenossen ins rechte Licht zu rücken. Der Kater setzt an seinen Reviergrenzen zusätzlich Kot ab und läßt ihn unbedeckt liegen. Dasselbe geschieht beim Betreten eines Gemeinschaftspfades im Revier als Warnung für nachfolgende Katzen (siehe Seite 120). Ein Kater, der nur im Haus beziehungsweise in der Wohnung gehalten wird, verhält sich instinktiv so wie im Freien: Er markiert, selbst wenn gar keine anderen Katzen in der Nähe sind. Das heißt: Bis zur

Oben: Die Freundschaft zwischen einer kleinen Katze und einem großen Hund ist keine Utopie.
Unten: So verschieden können Wurfgeschwister sein. Wahrscheinlich hatten mehrere Väter ihre Pfoten im Spiel.

Geschlechtsreife war das Tier völlig stubenrein. Erst dann wirft es alle guten Sitten über Bord, was den Katzenhalter verständlicherweise irritiert. Übrigens: Auch Kätzinnen werden manchmal während der Rolligkeit stubenunrein. Sie wollen instinktiv mit dem Kot an die Männerwelt appellieren.

Abhilfe: Kastration ist die einzige Möglichkeit, dem Tier seine »Unart« abzugewöhnen. Wenn das Interesse an der holden Weiblichkeit nachläßt, gibt es für den Kater keine Rivalitäten mehr und somit auch keinen Anlaß zur Kennzeichnung des Reviers. Und eine Kätzin, die keinen Kater verführen will, braucht nicht durch anrüchige Hinterlassenschaften auf ihre Existenz hinzuweisen.

»So gefällt mir mein Klo nicht«

Katzen wissen, was sie wollen – sogar dann, wenn es um ihre Toilette geht. Der Mensch stellt ein Kistchen mit Sand auf, doch das Tier nimmt es nicht an. Es schnuppert mal kurz, setzt vielleicht probeweise eine Pfote hinein und geht wieder. Ewig läßt sich ein dringendes Bedürfnis nicht unterdrücken, und so sucht sich die Katze eben einen Platz in der Ecke anstatt im vorbereiteten Klo. Das Tier begreift sehr wohl, wofür die Kiste gedacht ist, doch sie entspricht nicht seiner Vorstellung. Vielleicht ist sie zu klein oder enthält zuwenig Sand. Womöglich stinkt der Katze die Streu, oder die Kiste kippt, wenn man hastig hineinsteigt. Oder sie steht überhaupt an einer Stelle, die der Katze nicht paßt. Sie mag es beispielsweise nicht, wenn ihr jeder beim Geschäft zusehen kann. Auch Katzen genieren sich!

Abhilfe: Der Mensch muß beobachten, was seinem Haustier am Klo mißfällt. Dann paßt man das Kistchen den Wünschen der Katze an, und schon geht sie zuverlässig hinein.

»Hier ist es mir zu schmutzig«

Nehmen wir an, das Kistchen ist in jeder Beziehung katzengerecht, und der Mensch macht es zudem täglich sauber. Die Katze geht morgens aufs Klo, doch am Abend scheint sie zu vergessen, wo es steht. Die Bescherung landet womöglich auf dem Tibet-Teppich. Ist die Katze von allen guten Geistern verlassen? Keineswegs. Sie lehnt es nur ab, ihr Kistchen zweimal zu benutzen. Obwohl Katzen mit

Kot und Urin für andere markieren, können sie oft die eigene Hinterlassenschaft nicht riechen.

Abhilfe: Das Kistchen muß nach jeder Benutzung gesäubert beziehungsweise neu eingestreut werden.

»Ich will meine gewohnte Umgebung«

Es gibt Menschen, die brauchen hin und wieder »Tapetenwechsel« und räumen die ganze Wohnung um. Solchen Aktionen fällt meist auch Miezes Lieblingsplatz zum Opfer. Sie ist gezwungen, sich in neuer Umgebung zurechtzufinden und empfindet das als Zumutung. Eine Katze hält gern am Bewährten fest und kann schon gar im Heim erster Ordnung Änderungen nicht ertragen. Sie ist verstört, sucht herum. Auf ihren Irrwegen durchs veränderte Revier bleiben dann oft an den unmöglichsten Stellen Häufchen und Pfützen zurück. Da das Katzen-Klo im Badezimmer oder im Keller meist von Umräumaktionen verschont bleibt, benutzen manche Katzen diesen einzig vertrauten Ort nun als Schlafstätte und müssen dadurch zwangsläufig die körperliche Entleerung anderswo besorgen.

Abhilfe: Man braucht Geduld. Die Katze wird sich an die umgestaltete Umgebung gewöhnen.

Maßnahmen zur schnellen Behebung der prekären Situation müssen die Sensibilität des Stubentigers berücksichtigen. Eventuell verbessert sich die Situation rasch, wenn die Katze für einige Tage samt Kistchen in ihrem bisherigen Lieblingszimmer gehalten wird. Ein besonders liebevoller Kontakt zum Tier schafft wieder Vertrauen. Doch Vorsicht, nicht jede Katze verträgt es, eingesperrt zu werden. Durch ein Ablenkungsmanöver wurde schon so manche Katze wieder stubenrein: Dort, wo sie Kot und Harn absetzt, stellt man ihr Lieblingsfutter hin. Die Katze wird keinen »Kaktus« daneben setzen, sondern ihr eigentliches Vorhaben vergessen und stattdessen fressen. Anstelle des Körperausscheidungsverhaltens ist das Nahrungsaufnahmeverhalten getreten. Der Fachmann spricht hier von einer gelungenen *Umkonditionierung*. Da die Katze ihren Futterplatz nicht verschmutzt, sucht sie zur Entleerung eine andere Stelle – wenn man Glück hat, das Kistchen. Oft wird dieses erstrebte Ziel allerdings erst nach mehreren Umkonditionierungsversuchen erreicht.

»Ich bin sehr traurig«

Wenn Katzen einen geliebten Menschen verlieren oder auch ihr Heim, können sie tief trauern. Ein Zeichen dafür ist unter anderem stubenunreines Verhalten. Meist kommen noch weitere Anzeichen dazu wie Appetitlosigkeit, Lustlosigkeit oder ähnliches.

Abhilfe: Liebevolle Zuwendung bringt die Katze dazu, sich einer neuen Bezugsperson anzuschließen.

»Den Neuen mag ich nicht«

Eine besonders einschneidende Veränderung im Leben einer Katze findet dann statt, wenn ein neues Familienmitglied als »Konkurrenz« auftaucht. Das kann eine andere Katze oder ein Hund sein, aber auch ein Baby oder eine erwachsene Person.

> Katze Moni vertrug es beispielsweise nicht, daß ihr geliebtes Herrchen die bisherige harmonische Zweierbeziehung wegen einer zweibeinigen »Katze« aufgab. Als die Nebenbuhlerin auch noch in die Wohnung zog, ergriff Moni Gegenmaßnahmen: Sie urinierte täglich in Herrchens Bett. Moni wurde aus dem Schlafzimmer verbannt; das machte sie aggressiv. Zu Miezes Glück war die zwischenmenschliche Beziehung nicht von Dauer. Am selben Tag, als die »Nebenbuhlerin« auszog, nahm Moni ihre gewohnte Stubenreinheit wieder an.

> Der kastrierte Kater Charly wurde unsauber, als ein Baby kam. Er verrichtete seine Geschäfte auf den Betten, auf der Couch, auf jedem Sessel – kurz, auf allen Gegenständen, die seine Menschen intensiv benutzten. Dabei machte er sich oft nicht einmal die Mühe, sein Werk heimlich zu vollbringen. Er setzte vor den Augen seiner Mitbewohner Kot aufs Sofa, mit der Miene: »Das habt ihr nun davon.«

Abhilfe: Die Katze befindet sich in einem schweren seelischen Konflikt. Da eben zum Menschen eine einmalig innige Beziehung besteht, ist das Tier eifersüchtig, fühlt sich zurückgesetzt und miserabel behandelt. Deshalb nützt es auch nichts, das Tier zu bestrafen – im Gegenteil, das macht die Sache nur noch schlimmer. Charlys »Bezugspersonen« taten das einzig Richtige: Sie deckten sämtliche gefährdeten Gegenstände mit einer ziemlich festen Plastikfolie ab. Der Kater verzichtete darauf, diese unangenehme Unterlage zu betreten. Überdies bemühten sich die Menschen nun besonders intensiv um ihren vierbeinigen Freund und achteten darauf, daß er noch mehr als bisher am Familienleben teilhaben konnte. Der Säugling wurde dem Tier vorgestellt, Charly durfte dabeisitzen, wenn die Mutter das Kind versorgte usw. Trotzdem dauerte es etwa ein halbes Jahr, bis der Kater wieder zuverlässig stubenrein war.

»Ich habe Schreckliches erlebt«

Kater Carlo war ein aufgeweckter, intelligenter und sehr zutraulicher junger Kater. Als er mit zehn Wochen in die Familie kam, benutzte er vom ersten Tag an das vorbereitete Sandkistchen und leistete sich fortan niemals einen Fehltritt. Mit knapp einem Jahr wurde Carlo kastriert. Man brachte ihn zu einem Tierarzt, und das bedeutete für das behütete Stubentier den ersten Kontakt zur »bösen« Außenwelt. Carlo konnte den Mann im weißen Kittel nicht leiden und fand eine Möglichkeit, zu entwischen. Nun begann die Katzenhatz durch die ganze Praxis. Carlo wurde eingefangen, narkotisiert und kastriert, doch das vorhergegangene Erlebnis hatte dem Kater einen schweren Schock versetzt. Zuhause benahm sich Carlo völlig verändert – scheu, ängstlich und ständig abwehrbereit. Er verkroch sich, hatte tagelang Durchfall und war nicht mehr stubenrein.

Ein Schock mit solchen Auswirkungen kann bei einer relativ isoliert aufgezogenen Stubenkatze durch alle möglichen negativen Erfahrungen ausgelöst werden, zum Beispiel durch Schmerz oder durch Konfrontation mit einem Hund.

Abhilfe: Das traumatische Erlebnis führt bei der Katze zu einer Neurose. Zur Heilung tragen Geduld und liebevolle Behandlung allein nur sehr unvollständig oder überhaupt nicht bei. Hier muß der Tierarzt eingreifen. Er kann ein Medikament verabreichen, das die Katze ein oder zwei Tage schlafen läßt. Dieser Dauerschlaf löscht die Erinnerung an das Schockerlebnis, und die beschriebenen Folgeerscheinungen bleiben aus. Der Stubentiger erwacht munter, als sei nichts passiert.

Übermäßige Aggressivität

Katzen sind von ihrer Grundeinstellung her keineswegs aggressiv. Normalerweise gehen sie Konfliktsituationen eher aus dem Weg, zeigen sich flucht- und notfalls abwehrbereit. Nur wenn der Minitiger in die Enge getrieben wird, sieht er unter Umständen im Angriff die beste Verteidigung. Warum also passiert es trotzdem, daß eine Katze scheinbar völlig grundlos kratzt und beißt? Wie es manchmal dazu kommt, erzählt eine kleine Geschichte:

> Vater hatte Ärger im Büro und läßt ihn daheim an Mutter aus. Sie ist nun »sauer« und gibt dem Sohn aus nichtigem Anlaß eine Ohrfeige. Er wiederum reagiert seinen Frust an der Schwester ab. Diese ungerechte Behandlung bekommt nun der Hund zu spüren. Er versteht die Welt nicht mehr, und als ihm im Garten die Katze begegnet, zwickt er sie ins Hinterteil. Erschrocken läuft die Katze weg, direkt dem Vater vor die Füße. Er, von seinem Ärger befreit, bückt sich, um das Tier zu streicheln. Da kratzt die Katze und verschwindet.

Der Mann bekam ab, was eigentlich dem Hund zugedacht war. Das Tier verhielt sich doch ganz menschlich, oder? Sicher entstehen solche Kettenreaktionen relativ selten. Trotzdem gibt es für eine Katze immer wieder Grund genug, die Krallen zu zeigen.

»Laß mich bloß in Ruhe«

> Mieze schlummert nach einem ermüdenden Jagdausflug gemütlich in der Sofaecke. Frauchen streichelt ihren Liebling, möchte »Bauchi« kraulen und merkt gar nicht, daß die Katze im Moment keine Zärtlichkeiten will. Sie rührt sich nicht, legt aber erst ein Ohr, dann beide Ohren leicht nach hinten. Und plötzlich faucht Mieze und versetzt Frauchen einen Tatzenhieb. Entgeistert starrt die Katzenhalterin auf die blutige Schramme an der Hand, schlägt womöglich zurück und bezichtigt das Tier der Bösartigkeit.

Abhilfe: Das Tier reagierte aus seiner Sicht vollkommen normal. Wer eine Warnung mißachtet, muß die Folgen einstecken. Die Katzenhalterin hätte auf die Ohrenstellung achten müssen. Sie wies deutlich darauf hin, daß jeder Annäherungsversuch unerwünscht war (siehe Seite 69 f.). Niemand sollte sich einer Katze aufdrängen.

»Ich kann dich nicht leiden«

Selbst eine sanftmütige Katze kann auf bestimmte Personen oder auch Tiere äußerst aggressiv reagieren. Es gibt Tiere, die geraten schon beim Anblick eines noch weit entfernten Hundes in Rage. Die Katze einer Bekannten haßte große Männer mit Bart. Auch gegenüber Kindern in einem bestimmten Alter entwickeln manche Katzen eine krasse Abneigung. Ähnliche Beispiele ließen sich aufzählen.

Normalerweise wird eine Katze unliebsamen Begegnungen möglichst aus dem Weg gehen. Bei überdurchschnittlich mutigen und selbständigen Tieren kann dagegen zumindest im Heim erster Ordnung offene Feindseligkeit entstehen. Katze Susi griff gnadenlos jeden Handwerker an, der im »blauen Anton« in die Wohnung kam. Normal bekleidet, wurde derselbe Besucher gar nicht beachtet. Schuld an solchen Aggressionsausbrüchen sind in neun von zehn Fällen schlechte Erfahrungen, die weit in der Kindheit der Katze zurückliegen können. Susi beispielsweise wurde als kleines Kätzchen von einem Installateur schmerzhaft getreten. Das brachte sie zeitlebens mit dessen Arbeitsanzug in Verbindung, und sie ließ alle ähnlich gekleideten Leute dafür büßen.

Abhilfe: Nur selten kann der Katzenhalter nachvollziehen, woher die Abneigung seines Lieblings gegen bestimmte Personen oder Tiere rührt. Im Grunde gibt es nur eines: gut aufpassen und gefährliche Begegnungen verhindern. Eventuell gelingt es, eine Katze durch wiederholtes vorsichtiges Zusammenführen und viel Geduld von der Harmlosigkeit des vermeintlichen Gegners zu überzeugen.

»Ich bin furchtbar eifersüchtig«

Entsprechend ihrem Charakter reagiert jede Katze auf Konflikte anders. Während die eine aus Eifersucht unsauber wird, äußert sich die seelische Belastung bei einer anderen in Aggression. Sie richtet sich durchaus nicht immer gegen die eigentliche Ursache, also beispielsweise gegen ein neues Familienmitglied. Oft läßt die Katze ihren Ärger an allen, also auch an den geliebten Menschen aus.

Abhilfe: Jeder Mensch kann ein Lied davon singen: Eifersucht macht blind für die Realität. Der Katze geht es nicht anders. Man muß ihr deshalb noch mehr als bisher Beweise der Zuneigung liefern. Nur eine sehr liebevolle Behandlung kann sie überzeugen. Auch sollte sie die Möglichkeit haben, mit dem »Eindringling« nach eigenem Gutdünken Bekanntschaft zu schließen. Ein Zwang dazu wäre allerdings verkehrt.

In extremen Fällen gibt es die Möglichkeit, das Tier mit Hilfe von Medikamenten eine Zeitlang ruhig zu stellen. So fällt dem Tier die Gewöhnung an die neue Situation leichter.

»Mich packt das Jagdfieber«

So ziemlich jeder Katzenhalter kennt das: Da geht man arglos durch die Wohnung, plötzlich prescht aus einem Hinterhalt die Katze hervor und springt an die Beine. Man erschrickt regelmäßig, doch normalerweise passiert nicht viel. Der Minitiger will spielen und fährt seine spitzen Waffen gerade so weit aus, daß empfindliche Damenstrümpfe die Maschen laufen lassen.

Es gibt aber auch Stubenkatzen, die dieses beliebte Spiel mit vollem Ernst betreiben, die kräftig in die Waden beißen und blutige Kratzer hinterlassen. Das Tier ist dann nicht etwa verrückt geworden, sondern das Opfer seines Jagdinstinkts. Man muß sich das so vorstellen: Das natürliche Bedürfnis, Beute zu schlagen, wächst in der Katze von Tag zu Tag. Sie hat aber in der Wohnung mangels Mäusen keine Möglichkeit, diesen Trieb abzureagieren. Der Druck wird immer stärker, die Katze muß ihn loswerden. Also sucht sie sich anstelle der Maus ein Ersatzobjekt. Die vorübergehenden Beine einer Person lösen das Jagdfieber aus. Sie bewegen sich von ihr weg, laufen also offensichtlich davon. Da springt die Katze auf ihre Beute und setzt zum Tötungsbiß an. Damit ist die angestaute Energie verpufft, und das Tier gibt sich wieder sanft und lieb – bis zum nächsten Mal.

Abhilfe: Wie bereits erwähnt, kann man eine Instinkthandlung nicht aberziehen (siehe Seite 36), höchstens in andere Bahnen lenken. Dies gelingt, indem man der Katze gezielt die Gelegenheit gibt, das Beutefangverhalten auszuleben. Ein Papierknäuel, der an einer Schnur gezogen wird, regt die Katze zur Verfolgung an. Ebenso ein wegrollender Ball, eine Kugel oder eine Plastikmaus. Der Stubentiger wird diese Scheinbeute verfolgen und »töten«. Wenn er sich auf diese Weise täglich abreagieren kann, besteht kein Grund mehr für die Jagd auf Menschenbeine.

Zerstörungswut

Schlechte Manieren entwickeln Stubenkatzen besonders häufig. Kein Wunder, denn sie leben ja – genau genommen – unter unnatürlichen Voraussetzungen. So haben sie beispielsweise im Gegensatz zu ihren freilaufenden Kollegen sehr wenig Möglichkeiten, angestaute Energien loszuwerden. Zerstörungswut, was auch immer der Mensch so bezeichnet, kann eine Auswirkung davon sein.

»Ich weiß nicht, wohin mit meinen Kräften«

In den ersten Monaten unserer Bekanntschaft verwandelte sich Kater Schnurrle allnächtlich in einen jugendlichen Rowdy. Er war im Flur untergebracht und trieb hier sein Unwesen. Grundsätzlich wurden Mäntel von der Garderobe gezerrt und der Vorhang von einer Glastür gerissen. Wir quartierten Schnurrle ins Badezimmer um, doch nur ein einziges Mal. Morgens war das Toilettenpapier abgerollt, sämtliche Handtücher lagen auf dem Boden, ebenso Zahnbecher, Zahnbürsten und sonstige Utensilien.

Der junge Kater hatte ganz einfach überschüssige Kräfte. Und weil Katzen ohnehin nachts besonders aktiv sind, spielte Schnurrle nur im Dunkeln verrückt. Tagsüber benahm er sich einigermaßen anständig.

Abhilfe: Wir beschäftigten Schnurrle bei Tag so viel wie möglich, spielten ihn sozusagen müde. Außerdem stellten wir ihm geeignetes Spielzeug zur Alleinunterhaltung zur Verfügung. Schnurrle übernachtete wieder im Flur, den wir allerdings von allen frei beweglichen Gegenständen räumten. Das Spielzeug kam ebenfalls in den Flur und wurde eifrig benutzt. Endgültig vorbei war der nächtliche Spuk bald nach Schnurrles Kastration.

»Mir ist langweilig«

Vorübergehendes Alleinsein ist für Katzen weit weniger unangenehm als für Hunde. Eine Katze bleibt gern mal einige Stunden für sich und verschläft die Zeit. Doch dann sucht sie nach Kontakt und

Abb. 19: Ein Korb voll junger Katzen, die nur für einen kurzen Moment so ruhig bleiben.

Foto: Verein Deutscher Katzenfreunde e. V.

Beschäftigung. Wie langweilig, den ganzen Tag mutterseelenallein in der Wohnung zu sitzen. Man hört nichts und sieht nichts und riecht nichts. Und kommen die Menschen abends endlich heim, gehen sie bald ins Bett.

Zumindest in jungen Jahren sitzt die Katze angesichts einer solchen Lage nicht tatenlos herum, sondern sorgt selbst für Abwechslung. Da werden Gegenstände des Zimmers zweckentfremdet: Der lange Vorhang am Fenster ist eine herrliche Schaukel und eignet sich zum Klettern fast so gut wie ein Baum. Die Katze saust hoch und genießt die Aussicht von der Gardinenstange. Spaß macht es auch, mit Anlauf die Wände hochzuspringen, sich in den Tapeten festzukrallen und herunterzurutschen. Und dann die vielen, kleinen Gegenstände auf dem Regal: Einen nach dem anderen tapst Mieze liebevoll herunter und sieht begeistert hinterher, wie die Dinge fallen. Bei solchen und ähnlichen Spielen zeigt sich die Katze sehr erfinderisch. Unbegreiflich, daß die Menschen hier so humorlos sind...

Abhilfe: Man darf eine Stubenkatze nicht einfach den ganzen Tag sich selbst überlassen. Wer trotz Berufstätigkeit einen Minitiger halten will, sollte ihm unbedingt Gesellschaft geben. Zwei Katzen können sich miteinander beschäftigen. So gibt es keine Langeweile, und die Tiere kommen nicht auf dumme Gedanken. Selbstverständlich stellt man ihnen auch genügend Spielzeug zur Verfügung.

»Ich brauche etwas zum Kratzen«

Alle Katzen haben eine – aus menschlicher Sicht – unangenehme Angewohnheit: Sie schärfen ihre Krallen an wertvollen Teppichen, an der Sessellehne, am Sofa und ähnlichem. Leider sind Stoffe nicht für solche Belastungen ausgelegt. Sie fransen aus und reißen schließlich. »Muschi weiß genau, daß sie nicht am Sessel kratzen soll«, jammerte eine Kollegin und hatte recht. Spätestens während des Kratzens fällt Muschi das Verbot ein, aber sie kann ihren Instinkt nicht unterdrücken.

Abhilfe: Abgewöhnen kann man der Katze das Krallenschärfen nicht. Es gibt nur einen Ausweg: Sie erhält ein eigenes Kratzbrett (oder -baum). Mit Geduld und Konsequenz bringt man das Tier dazu, ausschließlich dieses Brett zu benutzen. Übrigens: Es ist Tierquälerei, der Katze die Krallen ziehen zu lassen. Auch das Kürzen nützt nichts, denn sie wachsen nach und werden nur um so heftiger geschärft.

»Ich will hier raus«

Eines Tages erscheint die bisher so sanfte und friedliche Katze wie ausgewechselt. Sie irrt jammernd durch die Wohnung, steigt an der geschlossenen Haustür hoch, kratzt an der Terrassentür und springt sogar gegen das Glas. Sie faucht, wenn nur jemand an ihr vorübergeht, wird sogar tätlich, falls man sie beruhigen will. Die Katze schärft ihre Krallen ausgiebig überall, zieht die Tischdecke herunter und geht womöglich an der glatten Wand hoch. Zwischendurch ist das Tier wieder anschmiegsam, gibt Köpfchen, streicht um die Beine der Menschen. Eindeutig: Die Katze – egal, ob männlich oder weiblich – ist verliebt. Sie will hinaus ins Freie, um sich einen Partner zu suchen. Dieser starke Drang zum anderen Geschlecht macht einen Stubentiger rabiat.

Abhilfe: Wenn die Katze nur in der Wohnung gehalten werden soll, ist die Kastration fällig. Damit verschwindet der Drang nach draußen sofort, und das Tier fühlt sich in den eigenen vier Wänden wohl.

»Ich habe Appetit auf Grünes«

Zum Leidwesen von Pflanzenfreunden entwickeln Stubenkatzen oft einen großen Appetit auf Zimmerpflanzen. Beliebt sind vor allem die Spitzen langer Blätter. Es dauert meist nur kurze Zeit, dann sieht die grüne Pracht im Zimmer angefressen aus, und nicht immer ist die Kost bekömmlich.

Freilaufende Katzen fressen regelmäßig Gras. Es wird wieder ausgebrochen, zusammen mit den im Magen befindlichen Katzenhaaren, die der Vierbeiner beim Putzen schluckt. Gras hat also eine magenreinigende Funktion. Ganz klar, daß die Stubenkatze nach Ersatzgras sucht und es in den hübschen Zimmerpflanzen findet.

Abhilfe: Man sollte der Katze ihre Vorliebe für Pflanzen schnellstens abgewöhnen und stattdessen spezielles »Katzengras« zur Verfügung stellen. Es ist in Zoohandlungen erhältlich. Die Samen werden einfach in eine Schale mit Nährboden eingesät und keimen dann an einem hellen Platz schnell. So hat Mieze ständig frischen Salat.

Sonstiges auffälliges Verhalten

Wenn eine Katze sehr viel schreit, dann ...

... hat sie entweder Langeweile oder Liebeskummer. Beidem kann der Mensch abhelfen: Wohnungskatzen werden kastriert. Außerdem beschäftigt man sich soviel wie möglich mit den Tieren. Übrigens: Bei Siamkatzen ist es völlig normal, daß sie sehr viel »reden«. Die Natur hat ihnen dazu eine ungewöhnlich laute und eindringliche Stimme verliehen.

Wenn die Katze überall saugt, dann ...

... wurde sie ihr kindliches Verhalten auch als Erwachsene nicht los. Dies passiert häufig bei Katzen, die zu früh von der Mutter weggenommen und somit nicht von ihr abgeschlagen wurden. Eine Katzenmutter duldet das Saugen ihrer Sprößlinge nur etwa sechs bis acht Wochen, dann vertreibt sie ihre Kinder mit Tatzenhieben von den Zitzen (siehe Seite 128). Durch diese Erfahrung verschwindet bei den Jungen die Lust am Saugen. Tiere, die nicht abgeschlagen wurden, nuckeln dagegen oft ihr Leben lang an Kissenecken, Knöpfen, Fingern und anderen zitzenähnlichen Gegenständen. Abgewöhnen kann man der Katze das infantile Verhalten kaum noch, doch es richtet ja auch keinen Schaden an.

Wenn sich die Katze ständig putzt, dann ...

... kann das durchaus normal sein. Jedes Tier verbringt täglich viel Zeit mit der »Katzenwäsche«, denn die Fellpflege ist eine Instinkthandlung. Genaues Beobachten zeigt, daß sich die Katze nicht – wie oft behauptet – mit der Pfote putzt, sondern zur ausgiebigen Gesichtswäsche die Unterarme benutzt. Sie werden durch Lecken angefeuchtet und dann als »Waschlappen« verwendet. Den gesamten übrigen Körper bearbeitet die Katze mit der rauhen Zunge. Um alle Stellen zu erreichen, sind schwierigste akrobatische Verrenkungen erforderlich, doch der Vierbeiner verliert nie das Gleichgewicht. Auffallend häufiges Belecken und Benagen immer derselben Körperstellen hat allerdings nichts mehr mit der üblichen Körperpflege zu tun. Wenn Parasiten oder Erkrankungen (z.B. Allergie, Ekzeme) auszuschließen sind, können seelische Konflikte die Ursache für das Verhalten sein: Langeweile, starke Nervosität, Eifersucht, Einsamkeit usw. Eine Besserung läßt sich meist durch gezieltes Ablenken und viel Zuwendung erreichen.

Abb. 20: Mit der »Katzenwäsche« nimmt es jede Katze sehr genau. Allzu hartnäckige Bearbeitung einer Körperstelle könnte jedoch ein Signal dafür sein, daß etwas nicht in Ordnung ist.

Foto: Gesellschaft für Europäische Kommunikation / Stumpf

Wenn die Katze wegläuft, dann...

...kann das verschiedene Ursachen haben. Vielleicht leidet das Tier unter Heimweh, weil es an einen anderen Ort gebracht wurde. Oder es weicht einer drückenden Konfliktsituation im eigenen Zuhause aus (siehe Seite 99). Und schließlich treibt Katzen auch die Liebe aus dem Haus, zumindest vorübergehend. Nach einigen Tagen taucht das vermißte Tier wieder auf, hungrig und zerrauft, aber sehr zufrieden. Zu guter Letzt gibt es noch die notorischen Streuner, die ohnehin nur gelegentlich zu Besuch nach Hause kommen. Verhindern läßt sich das Weglaufen in erster Linie durch Aufpassen. Spürbar häuslicher werden die Tiere nach der Kastration.

Wenn die Katze alles fürchtet, dann ...

...hat sie meistens schlechte Erfahrungen mit ihrer Umwelt gemacht. Katzen, die von Menschen mißhandelt wurden, vergessen das nie – selbst wenn es in frühester Jugend geschah. Die Tiere bleiben zumindest Fremden gegenüber unnahbar und sind oft sogar gegenüber den eigenen Menschen zurückhaltend.

Katzen, die in ihrer wichtigsten Prägungsphase (siehe Seite 131 f.) keinen Kontakt zu Menschen hatten, bleiben meist für immer sehr scheu.

Extreme Schreckhaftigkeit und Angst vor ungewohnten Geräuschen, Bewegungen, den eigenen Artgenossen, anderen Tieren usw. findet man häufig bei jenen Katzen, die zu früh von der Mutter wegkamen und isoliert von der Außenwelt in einer Wohnung aufwuchsen. Diese sogenannten *Kaspar-Hauser-Katzen* flüchten sogar vor einer Maus in die hinterste Ecke.

Natürlich gibt es auch erblich belastete Katzen. Sie haben die Angst schon mit der Muttermilch aufgesogen und bleiben selbst unter den besten Lebensbedingungen furchtsam.

Einer Katze die tiefsitzende Angst zu nehmen, ist nur sehr bedingt möglich. Man braucht viel Geduld und Einfühlungsvermögen. Vertrauen baut sich meist nur gegenüber den eigenen Menschen und der gewohnten Umwelt auf.

Wenn die Katze häufig bricht, dann ...

...ist das unter Umständen völlig normal, wenn das Erbrochene auch Gras enthält (siehe Seite 92). Andernfalls liegt eine Erkrankung vor, oder die Katze steht unter Streß. Wir wissen von uns selbst, daß Streß durch die verschiedensten Umstände hervorgerufen werden kann. Eine sensible Katze reagiert hier ganz »menschlich«. Ist der streßauslösende Anlaß beseitigt, hört auch das Erbrechen auf.

Wenn die Katze nicht vom Teller frißt, dann...

...zeugt das nicht von mangelhaften Tischsitten. Die Katze hat lediglich keinen großen Hunger und tut so, als sei das Futter eine Beute. Große Brocken werden herausgesucht, neben dem Napf aufgereiht oder sogar an einen anderen Platz getragen, wo die Katze mit dem Futter spielt. Erziehung bringt hier gar nichts, sondern nur Anpassung an die Gewohnheiten des Tieres. Man stellt die Futterschüssel auf eine abwaschbare Unterlage. Außerdem erhält der Hausgenosse seine Mahlzeiten regelmäßig und in solchen Abständen, daß er wirklich Appetit hat. Zwischendurch gibt's selbstverständlich nichts.

Wenn die Katze stiehlt, dann...

...muß der Grund durchaus nicht Hunger sein. Das Tier verspürt lediglich einen riesigen Appetit auf etwas Erreichbares, das ihm der Mensch sicherlich nicht freiwillig überläßt. Alle Katzen klauen wie die Raben – unterschiedslos im eigenen Haus ebenso wie beim Nachbarn. Man kann einer Katze das Stehlen nicht abgewöhnen. Sie begreift wohl, daß dieses Verhalten Ärger bringt, gehorcht aber dennoch – wie so oft – dem eigenen Trieb. Der Mensch ist selber schuld, wenn er das schöne Schnitzel herumliegen läßt. Und Mieze übt sich im Sich-nicht-erwischen-Lassen.

Wenn die Katze ihre Beute heimbringt, dann...

...ist das ein Leistungsnachweis. Stolz zeigt die Katze, daß sie ihr Jagdhandwerk beherrscht. Der vertraute Mensch soll das zur Kenntnis nehmen. So manche Katze legt allmorgendlich die nächtliche Strecke vor die Haustür. Für den Menschen ist das auf nüchternen Magen nicht gerade ein appetitlicher Anblick. Wer ihn sich ersparen will, muß der Katze seinen Ekel zeigen. Das gelingt nur, wenn man das Tier beim Herantragen der Beute erwischt. Man schickt die Katze energisch weg oder nimmt ihr die Beute ab. Nach solchen Mißerfolgen wird eine kluge Katze dem Menschen die »Ehre« bald nicht mehr erweisen.

Wenn die Katze im Auto verrückt spielt, dann...

...haßt sie diese Art der Fortbewegung. Aus der Sicht des Vierbeiners ist das durchaus verständlich: Katzen sind Augentiere, nehmen also optische Reize intensiv wahr. Im Auto starren Katzen wie gebannt aus dem Fenster. Die Welt fliegt vorbei, ständig entstehen neue Eindrücke, und es bleibt keine Zeit, sie zu verarbeiten oder gar zu untersuchen. Dadurch wird die Katze immer nervöser und verwirrter. Überdies fühlt sie sich eingesperrt und ihrer gewohnten Umgebung entrissen. Man sollte Katzen von klein auf ans Autofahren gewöhnen. Es gibt Tiere, die dann ruhig auf dem Rücksitz schlafen. Andere können sich trotzdem nie mit dem Fahrzeug anfreunden. Solche Katzen werden dann besser im vertrauten Katzenkorb mit geschlossener Gittertür transportiert.

Abb. 21: Der Katzenkorb dient nicht nur als willkommene Schlafhöhle, sondern wird auch als Klettergerät und zum Krallenschärfen verwendet. Auf Reisen erhält er der Katze ein Stück vertrauter Umgebung.

Foto: IVH

Katze und Mensch

Gegensätze ziehen sich an. Vielleicht bewahrheitet sich diese Volksweisheit auch bei Menschen und Katzen. Zwei Geschöpfe mit völlig unterschiedlichen Lebensweisen und -ansichten schaffen es, bestens miteinander zu harmonieren. Und das ist durchaus nicht selbstverständlich.

Millionen von Jahren führten alle Katzenarten (mit Ausnahme der Großkatzen) ein Single-Dasein. Sie waren Einzelgänger und Eigenbrötler und niemals bereit, sich mit Artgenossen mehr als zum Zwecke der Arterhaltung abzugeben. Daß Katzen trotz dieser Tradition heute zu einem »Rudelleben« mit dem Menschen bereit sind, spricht für die Anpassungsfähigkeit der Tiere, sollte jedoch nicht zu falschen Schlüssen verleiten.

Aus Katzensicht ist diese Gemeinschaft mit dem Menschen ungemein praktisch. Man bekommt regelmäßig Futter, ohne sich dafür anstrengen zu müssen. Das Haus beziehungsweise die Wohnung bietet Schutz, Wärme und Bequemlichkeit – Dinge, die eine Katze schätzt. Und nicht zuletzt genießt sie es, beachtet und geliebt zu werden. Natürlich nervt die Einzelgängerin das ewige Zusammensein mit anderen zwischendurch; dann zieht sich die Katze stillschweigend zurück – auf einen hohen Schrank oder an eine sonstige, schwer erreichbare Stelle. Darf die Katze das Haus jederzeit verlassen, ist das Ausweichen ohnehin kein Problem. Auf diese Weise erträgt sie das ungewohnte Rudel recht gut – zumindest, solange es seinerseits keine Ansprüche an die Katze stellt. Der Mensch kann ihr keine Aufgaben übertragen (Mäuse fängt sie »freiwillig«, nämlich instinktiv), keine Leistungen abverlangen und schon gar nicht erwarten, daß dieser Vierbeiner einen bestimmten Rang innerhalb der Familie akzeptiert. Das Tier fühlt sich immer gleichberechtigt und handelt entsprechend »respektlos«.

Das größte Mißverständnis zwischen Mensch und Katze beruht darauf, daß der Mensch das Tier als Besitz betrachtet. Dabei wird niemand eine Katze je besitzen. Man ist mit ihr befreundet, doch bei aller Zuneigung unterwirft sich eine Katze nicht. Und weder das leckerste Futter noch das weichste Kissen verursachen eine Abhängigkeit.

Wer ein junges Kätzchen ins Haus nimmt und großzieht, erwirbt sich allein dadurch keinen Anspruch auf die lebenslange Treue oder gar Dankbarkeit des Tieres. Die Katze entscheidet im Erwachsenenalter nach eigenen Gesichtspunkten darüber, ob ihr Mensch und Heim gefallen. Schon so mancher Stubentiger hat, wenn die Gelegenheit dazu bestand, sein angestammtes Heim verlassen und sich ein neues Zuhause gesucht. Die trauernden »Hinterbliebenen« glauben dann oft, das Tier sei überfahren worden oder gar in einem Versuchslabor verschwunden. Tatsächlich hat es mit sicherem Gespür längst irgendwo eine Familie entdeckt, die den kätzischen Vorstellungen mehr gerecht wird. Mit allen Mitteln schmeichelt sich die Katze ein, und mitleidige Menschen nehmen das arme »ausgesetzte« Tier natürlich gern auf.

Es wäre falsch, eine Katze ob solchen Verhaltens »treulos« zu schimpfen. Sie verläßt den Menschen schließlich nicht aus einer Laune heraus, sondern weil er aus Katzensicht unverzeihliche Fehler beging. Der Hausgenosse muß keineswegs geschlagen oder gar mißhandelt worden sein. Es kann beispielsweise schon genügen, daß er plötzlich nicht mehr im Mittelpunkt steht – weil die Familie durch ein Baby, eine andere Katze oder einen Hund erweitert wurde. Oder die Katze fühlt sich verwaist, weil ihre wichtigste Bezugsperson verschwunden ist. Ein langwieriger, lärmender Umbau am Haus kann das Tier ebenso vertreiben wie wiederholtes Umräumen der Möbel zu Lasten des Lieblingsplatzes. »Sauer« wird der Minitiger auch, wenn man ihn zu ungewohntem und langem Alleinsein verdammt. Wohlgemerkt: Solche und ähnliche Umstände veranlassen eine Katze nicht grundsätzlich zum Gehen, doch sollte man auch diese Reaktion einkalkulieren.

Daß man von einem einzigen Menschen nicht alles verlangen kann, scheint so manche Katze zu begreifen, und sie löst das Problem mit einem Kompromiß: Sie sucht sich gleich zwei oder gar mehrere Heime. Überall wird das Beste mitgenommen – hier die Extrahäppchen, dort die Streicheleinheiten usw. Der Kater meines Onkels war ein solcher Schlauberger.

> Er regierte jahrelang in mindestens drei Häusern des Dorfes, und jede Familie glaubte, das sei »ihr« Kater. Durch Zufall betrat mein Onkel eines Tages die Küche eines entfernten Nachbarn – und sah Felix auf der Ofenbank schlummern. Als er angesprochen wurde, stand der Kater auf, streckte sich selbstgefällig und begrüßte dann meinen Onkel würdevoll und mit größter Selbstverständlichkeit. Der dritte »Besitzer« wurde kurz darauf ermittelt, und zu guter Letzt teilten sich alle drei friedlich einen Kater.

Natürlich besteht nicht für jede Katze die Möglichkeit, auftauchende Konflikte so galant auf eigene Faust zu lösen. Eine Stubenmieze muß es wohl oder übel am angestammten Platz aushalten. Ihre Unzufriedenheit sucht sich dann unter Umständen ein Ventil in Form von Neurosen und Aggressionen, doch dazu kommen wir später.

Bei gegenseitigem Verstehen bringt die Katze dem Menschen innige, dauerhafte Freundschaft entgegen. Dies hat nicht das geringste mit Unterwürfigkeit oder jener Bewunderung zu tun, mit der Hunde zu ihrem Herrn aufschauen. Für die Katze ist der Mensch ein liebenswerter Partner, der auf gleicher Stufe steht. Für ihn gibt sie sogar den tief verwurzelten Wunsch nach Abstand auf. Freund Mensch darf Mieze auf den Pelz rücken – und sie sucht ebenfalls die Nähe. Doch bei aller Liebe ertragen es die meisten Katzen nicht, festgehalten zu werden. Solcher Freiheitsberaubung widersetzen sie sich wild strampelnd, und ein uneinsichtiger Mensch kann dabei schon mal ein paar Kratzer abbekommen.

Von Katze zu Katze sind echte Freundschaften relativ selten. Sie entstehen höchstens zwischen Tieren, die miteinander aufgewachsen sind oder auf sehr engem Raum leben. Daraus kann man folgern: Die Katze betrachtet den Menschen nicht als normalen Artgenossen. Er ist eine ungewöhnliche Katze mit ungewöhnlichen Fähigkeiten – schon allein deshalb, weil er das Tier auch noch im Erwachsenenalter wie eine Katzenmutter umsorgt. Der Mensch gibt Futter, lobt, rügt, beschützt, ist zärtlich, räumt die Hinterlassenschaften aus dem Kistchen und spielt mit ihm. Eine echte Katzenmutter zwingt die Jungen eines Tages zur Selbständigkeit, der Mensch jedoch bindet das Tier an sich. Kein Wunder, daß der Minitiger unter solch günstigen Umständen in den eigenen vier Wänden kindlich bleibt.

Katzen, die ins Freie können, führen allerdings oft ein Doppelleben. Daheim sind sie anschmiegsam, liebevoll und verspielt. Doch vor der Haustür legt das Tier seine Sanftmut ab. Draußen locken Abenteuer, denen sich die Katze begeistert stellt. Der Mensch hat in dieser anderen Welt keinen Platz, denn hier ist die Katze ja erwachsen. Deshalb kann es passieren, daß Freund Mensch bei einer zufälligen Begegnung auf der Straße kaum oder gar nicht beachtet wird. Die Katze läßt sich nicht einmal herlocken und läuft weg wie vor einem Fremden. Kommt sie später von selbst nach Hause, ist sie wieder anhänglich wie gewohnt.

Eine der wichtigsten Eigenschaften des Katzenhalters sollte Toleranz sein. Man muß der Katze viel Freiraum für ihr Eigenleben einräumen. Der Vierbeiner seinerseits erwartet vom Menschen, daß er sich wie eine anständige Katze verhält: Er soll liebgewordene Gewohnheiten gefälligst beibehalten, in allen Dingen zuverlässige Regelmäßigkeit an den Tag legen und Veränderungen jeder Art tunlichst vermeiden. Die Katze selbst frönt ja, wie bereits erwähnt, einem ausgesprochen geregelten Tagesrhythmus. Sie hat ihre Zeit zum Fressen, Schlafen, Spielen und Ausgehen. Um 13 Uhr erwartet sie den Sohn des Hauses am Gartentor, weil er gleich von der Schule heimkommt. Um 20 Uhr sitzt Frauchen vor dem Fernseher und die Katze auf ihrem Schoß. Jeder Katzenhalter kennt eine Menge solcher und ähnlicher Gewohnheiten. Da bei uns Menschen aber durchaus nicht alles nach Schema F abläuft, hat die Katze häufig Gelegenheit, ihre eigene Toleranz unter Beweis zu stellen. Sie tut es gnädig, läßt aber den Menschen durchaus ihre Unzufriedenheit spüren. Beispiel: Auf fragendes Miauen »Wann machen wir endlich unser Mittagsschläfchen?« erhält die Katze eine abschlägige Antwort. Sie wartet noch eine Weile, fordert mehrmals auf und verzieht sich schließlich schimpfend.

Nicht nur auf Regelmäßigkeit legt die Katze wert, sie ordnet auch den einzelnen Familienmitgliedern feste Aufgaben und Zuständigkeiten zu. Normalerweise ist die Frau des Hauses wichtigste Bezugsperson. Sie gibt das Futter und hat die Macht über Kühlschranktür und Dosenöffner. Das beeindruckt sogar den Vierbeiner und veranlaßt ihn zu großer Liebenswürdigkeit. Zum Spielen sind natürlich die Kinder recht, und so richtig raufen kann man am besten mit dem Hausherrn. Zu allen ist die Katze freundlich und auch mal zärtlich, doch zum ausgiebigen Schmusen hält sie sich an jene Person, die auch von sich aus am meisten Gefühl einbringt. In einer reinen Zweierbeziehung Katze – Mensch muß der Mensch eben alles in einer Person sein, Brötchengeber, Spiel-, Rauf- und Schmuse-partner.

So zugetan der Stubentiger der eigenen Familie ist, so mißtrauisch werden Fremde behandelt. Die meisten Katzen sind unbekannten Menschen gegenüber zurückhaltend bis ausgesprochen scheu – zum Glück, denn es gibt genügend Leute, die Katzen übelwollen. Nicht nur im Freien lehnen die Tiere alle Annäherungsversuche kategorisch ab, auch Besucher im Haus werden auf Abstand gehalten. Wenn Gäste kommen, ist der Hausgenosse wie vom Erdboden verschluckt. Sollten die Fremden länger bleiben, erscheint das Tier womöglich nur noch zum Futterfassen.

Natürlich gibt es auch ausgesprochen kontaktfreudige Katzen. Sie sitzen auf einem Zaunpfosten und »sprechen« Vorübergehende ungeniert an. Besucher werden interessiert und höflich begrüßt und bei Eignung sogar zum Spielen oder Schmusen aufgefordert. Die meisten Katzen wählen jedoch den »goldenen« Mittelweg: sie ignorieren fremde Menschen, warten bei Besuchern erst mal ab. Alles andere entwickelt sich von selbst – je nachdem, ob der Gast Miezes Sympathie gewinnt oder nicht.

Ob Katzen Menschenkenntnis besitzen? Vielleicht. Oft scheinen die Tiere genau zu spüren, wer es ehrlich gut mit ihnen meint – sogar schon aus einiger Entfernung. Ich konnte beobachten, daß meine Katzen jene Menschen ablehnten, die ich auch nicht mochte. Und es muß wohl das eigene Urteil der Tiere gewesen sein, denn Katzen kennen (im Gegensatz zum Hund) von ihrer Art her kein Solidar-verhalten.

Tatsache ist, daß Katzen ein gutes Gedächtnis besitzen. Wer ihnen einmal Böses tat, wird fortan gemieden. Unser Kater vergaß es 13 Jahre lang bis zu seinem Tod nicht, daß er als Halbwüchsiger einmal von einem bestimmten Unmenschen getreten worden war. Wann immer dieser Mensch auftauchte, verschwand der Kater blitz-schnell. Andererseits bleiben auch nette Menschen im Gedächtnis haften. Selbst wenn Jahre dazwischenliegen, erkennt die Katze alte

Freunde wieder. Was die »üblen« Taten betrifft: Eine Katze unterscheidet sehr genau, ob sie aus Versehen oder mit Vorsatz getreten wurde. Sie verzeiht großmütig unbeabsichtigte Fehltritte, erwartet aber – wie sich's gehört – eine Entschuldigung.

Katzen scheinen ihre Umgebung und die dazugehörenden Menschen sehr genau zu beobachten und zu beurteilen. Als wir unser neues Haus bezogen, wurden wir von den beiden Nachbarkatzen mit Interesse registriert. Neugierig, aber äußerst vorsichtig wagten sie sich in den Garten, der ja ohnehin zu ihrem angestammten Revier zählte. Ich versuchte nie, die scheuen Tiere anzulocken, tat, als seien sie nicht da und nahm nur wie durch Zufall hin und wieder Blickkontakt auf. Heute spielen die Katzen jeden Nachmittag unbefangen auf unserem Grundstück, denn sie wurden nie bedrängt oder gar verjagt – nicht einmal von unserem Hund. Einige Nachbargärten dagegen werden aus gutem Grund gemieden oder zumindest schleunigst verlassen, sobald der Besitzer auftaucht.

Menschliche Gefühle einer Katze

Das absolute Vertrauen der Katze ist wichtigste Voraussetzung für ein enges Zusammenleben mit dem Menschen. Man muß die Katze nach wie vor als Raubtier betrachten – domestiziert zwar, aber doch weit weniger als der Hund. Das Blut der wilden Ahnen fließt noch immer in den Adern der Katze und mahnt zur Vorsicht. Um so befriedigender ist es, wenn eine echte Freundschaft entsteht.

Wo sich Katze und Mensch eine Wohnung teilen, erfordert dies von beiden Seiten Anpassungsbereitschaft. Der Mensch nimmt, sofern er genügend »Katzenverstand« besitzt, Rücksicht auf die Eigenheiten seines samtpfötigen Lieblings. Der Stubentiger ist anhänglicher, aufgeschlossener und leichter lenkbar als seine freilaufenden Artgenossen. Er zeigt teilweise Neigungen, die richtiggehend menschlich anmuten. Die Neugier ist dafür ein gutes Beispiel.

Katzen sind von Natur aus ungemein neugierig. Sie erkunden ihre Umgebung grundsätzlich bis ins kleinste Detail. Das heißt, eine Katze kennt in ihrem Revier wahrscheinlich jeden Stein. Neugier geht sogar vor Liebe. Setzt man einen in Liebesdingen erfahrenen Kater und eine hochbrünstige Kätzin in ein unbekanntes Zimmer, spielt sich zwischen den Tieren zunächst rein gar nichts ab. Zuerst einmal muß der Raum bis in den letzten Winkel ausgekundschaftet und kennengelernt werden. Eine fremde Umgebung macht den tollsten Sexprotz impotent.

Logischerweise hat das Inspizieren der Umgebung einen tieferen Sinn. In freier Wildbahn muß sich eine Katze versichern, daß kein Feind in der Nähe lauert. Und sie muß die notfalls zur Verfügung stehenden Fluchtwege kennen. Ein Wohnungsleben macht derartige Vorsichtsmaßnahmen überflüssig. Also kann sich die angeborene Neugier auf andere Bereiche konzentrieren. Der Vierbeiner steckt sein Näschen in wirklich alles, was den Menschen betrifft: in Schränke und Schubladen, in Einkaufstaschen, ja, sogar in den Topf auf dem Herd. Sämtliche Tätigkeiten des zweibeinigen Freundes werden genauestens verfolgt; die Katze will oft sogar möglichst nah dabei sein. Deshalb legt sie sich mitten in die Bastelarbeiten der Kinder oder auf dem Schreibtisch quer über wichtige Papiere.

Eifersucht ist ein Gefühl, das man nur bei Wohnungskatzen beobachten kann. Draußen ist bekanntlich nicht einmal ein verliebter Kater eifersüchtig auf seinen erfolgreicheren Nebenbuhler. Die

Abb. 22: Junge Katzen gehen gemeinsam auf Entdeckungsreise.

Foto: Verein Deutscher Katzenfreunde e. V.

Stubenmieze erhebt unter Umständen durchaus Besitzansprüche an eine bestimmte Person und verträgt es nicht, wenn sich ein anderes Tier oder auch ein Mensch in diese Zweierbeziehung drängt. In solch einer Situation reagieren Tiere je nach Temperament ganz unterschiedlich. Es gibt Katzen, die werden aggressiv. Andere legen sich diverse Unarten zu, mit denen die Aufmerksamkeit des geliebten Menschen erregt werden soll. Manche Katzen kränkeln plötzlich, und wieder andere sind schlichtweg zutiefst beleidigt.

Überhaupt ist es nicht schwer, eine Katze zu beleidigen. Als Mensch tritt man bei ihr sehr schnell ins Fettnäpfchen – etwa dann, wenn man über das Verhalten des Tieres herzhaft lacht. Der Minitiger fühlt sich ausgelacht – eine tödliche Beleidigung. Die Katze wendet dem unverschämten Menschen brüsk den Rücken zu, schreitet von dannen und sieht sogar von hinten beleidigt aus. Sie rollt sich irgendwo zusammen und erweckt den Anschein, als sei alles rundherum Luft. Der Mensch wird keines Blickes mehr gewürdigt. Er muß schon einiges an Überredungskunst aufwenden und eventuell sogar materielle Wiedergutmachung leisten, damit das Tier wieder »ausschnappt«.

Falls es aus erzieherischen Gründen notwendig erscheint, können Katzen äußerst nachtragend sein. Der Mensch soll merken, daß er einen schwerwiegenden Fehler beging.

> Unser Kater Peter erteilte uns jedesmal dann eine Lektion, wenn wir aus dem Urlaub zurückkamen. Er blieb während unserer Abwesenheit in der Wohnung und wurde hier von einer Bekannten bestens versorgt. Peter behandelte sie in dieser Zeit mit größter Liebenswürdigkeit. Wenn wir schließlich in freudiger Erwartung auf ein Wiedersehen mit unserem Haustier die Wohnung betraten, war von Peter kein Schwanz zu sehen. Wir fanden ihn ruhig schlafend auf einem seiner Lieblingsplätze – keineswegs gewillt, uns die geringste Aufmerksamkeit zu schenken. Unser Streicheln und Reden veranlaßte Peter höchstens dazu, sich unters Bett oder in einen anderen stillen Winkel zu verziehen. Es dauerte jedesmal einige Stunden, bis er wieder zum Vorschein kam. Noch immer mit beleidigter Miene, ließ er uns erkennen, daß er geneigt war, nun unsere Entschuldigungen anzunehmen. Die Freude über unsere Heimkehr zeigte uns Peter dann dafür tagelang mit überschwenglichen Liebesbeweisen.

Oft werden Katzen als launisch bezeichnet. Die Tiere leiden aber wohl kaum unter willkürlichen Stimmungsschwankungen, sondern reagieren lediglich auf die verschiedensten Einwirkungen aus der Umwelt sehr sensibel. Eine Katze macht keinen Hehl aus ihrem Ärger über Lärm, Unruhe oder fremde Menschen im Heim erster Ordnung. Selbst das Wetter scheinen Katzen zu spüren. Bei einer periodischen Änderung sind die Tiere meist sehr schläfrig. Ein aperiodischer Umschwung dagegen macht die Tiere ruhelos. An heißen, schwülen Tagen ist der Stubentiger leicht reizbar und manchmal sogar streitsüchtig. Föhnlagen rufen Nervosität hervor – genau wie beim Menschen. Im großen und ganzen gesehen ist aber die Gemütsverfassung der Katze sicher stabiler als die des Menschen.

Freundschaft mit Kindern

Natürlich erkennt die Katze, ob ein Mensch erwachsen und damit ihr ebenbürtig oder noch ein Kind ist. Dem Säugling bringt sie zunächst wenig Interesse entgegen. Das winzige Etwas sieht nicht aus wie ein Mensch oder eine Katze, benimmt sich nicht wie ein Mensch oder eine Katze und ist manchmal unerträglich laut. Außerdem zieht dieses Etwas alle Aufmerksamkeit der Familie auf sich, und das macht die Katze eifersüchtig. Sie reagiert zunächst beleidigt (siehe Seite 84) und resigniert schließlich bestenfalls. Durchaus brauchbar erscheint dem vierbeinigen Hausgenossen lediglich das kleine, weiche Babybett. Hier würde er sich gern mal zusammenrollen...

Steht das Baby schließlich auf eigenen Füßen, wird es als Menschenkind erkannt und wie ein Katzenkind behandelt. Das bedeutet, die Katze verhält sich ausgesprochen geduldig und nachsichtig. Sie läßt die unbeholfenen Annäherungsversuche über sich ergehen, erträgt die zupfenden und ungeschickt zupackenden Kinderhände und

Abb. 23: Im Spiel finden Katze und Kind ihr gemeinsames Interesse.

Foto: Verein Deutscher Katzenfreunde e.V.

bringt sich notfalls einfach außer Reichweite. Wenn's gar zu bunt wird und keine Ausweichmöglichkeit besteht, greift das Tier gelegentlich mal durch – genau so, wie es das bei den eigenen Sprößlingen tun würde. Da wird gefaucht, und es setzt eventuell einen Tatzenhieb. Eltern sollten deshalb darauf achten, daß die Gutmütigkeit der Katze nicht über Gebühr strapaziert wird.

In größeren Kindern sieht die Katze willkommene Spielgefährten. Jetzt entwickelt sich eine richtige Freundschaft, denn beide finden im Spiel ihr gemeinsames Interesse. Einem Einzelkind ersetzt die Katze Geschwister, sie wird zur Vertrauten und Verbündeten. Der Vierbeiner hat viel Zeit, kann endlos zuhören und liebevoll trösten. Er scheint sich seiner wichtigen Rolle bewußt zu sein. Dennoch gibt die Katze nichts von ihrer Persönlichkeit preis. Das Tier läßt sich weder gängeln noch nach Lust und Laune herumschubsen. Dadurch wirkt die Katze erzieherisch, denn sie lehrt das Kind frühzeitig, andere Lebewesen und ihre Eigenart zu achten.

Probleme unter Partnern

Wenn es zwischen Mensch und Katze zu Schwierigkeiten kommt, gibt es dafür nur einen Verantwortlichen: den Menschen. Er mißt die Katze mit falschen Maßstäben und stellt unerfüllbare Anforderungen. Einer der häufigsten Fehler ist es, das Tier wie einen zufällig auf allen Vieren gehenden Menschen zu behandeln. Äußerungen wie »Ich gehe da von mir aus, und ich würde logischerweise...« fließen vielen Katzenhaltern ganz selbstverständlich von den Lippen. Und dabei wird übersehen, daß das Tier gar nicht logisch handeln kann, sondern nur instinkt- und erfahrungsgemäß. So intelligent eine Katze auch sein mag, sie besitzt keinen Verstand, der ihr folgerichtige oder abstrakte Überlegungen erlaubt.

Würde der Mensch das begreifen, könnte er Mißverständnisse vermeiden. Eines von vielen entsteht durch Inkonsequenz: Tagelang darf der Minitiger abends mit in Frauchens Bett, weil Herrchen auf Geschäftsreise ist. Nach seiner Rückkehr wird die Katze aus dem Schlafzimmer verbannt. Wenn sie nun stundenlang an der Tür kratzt, immer wieder auf die Klinke springt oder – im Extremfall – gar jede Nacht ein Häufchen vor der Tür zum Schlafgemach deponiert, verflucht der Mensch das Tier anstatt sich selbst. Er müßte eigentlich wissen, daß eine Katze den Begriff »ausnahmsweise« nicht kennt. Für sie gibt es nur »ja« oder »nein« und keine Halbheiten. Daraus folgt: Wer einmal oder gar öfter im Bett schläft, hat für alle Zeiten ein Anrecht darauf.

Ein weiteres Beispiel: Der Mensch sitzt gut gelaunt bei Tisch und teilt das lukullische Mahl freigebig mit seinem vierbeinigen Hausgenossen. Am nächsten Tag sind Gäste da, und für die Katze fällt nichts ab. Sie streicht maunzend um die Stühle: »Wo bleibt mein Anteil?« Weil niemand versteht, springt sie zu guter Letzt mit einem Satz mitten auf den Tisch. Große Aufregung, welch ungezogene Katze. Dabei hat wieder der Mensch versagt: Wer nicht will, daß die Katze am Tisch bettelt, darf ihr auch nicht »ausnahmsweise, weil wir allein sind« etwas vom Teller hinunterreichen.

Wenn man von der Katze schon nicht menschliches, also verständiges Verhalten erwartet, dann aber doch zumindest hündisches. Immer wieder wird die Katze mit dem Hund verglichen, obwohl beide so wenig gemeinsam haben. Könnte die Katze wie ein Hund handeln, wäre sie keine Katze. Die alte Frage »Wer ist klüger, die

Katze oder der Hund?« dürfte eigentlich von vernünftigen Menschen gar nicht gestellt werden. Man kann nicht zwei völlig verschiedene Tierarten miteinander vergleichen, denn jede verhält sich so, wie es für die eigene Art zweckmäßig ist. Intelligenzmäßige Unterschiede gibt es nur innerhalb derselben Art.

Der Mensch muß lernen, die Katze als das zu nehmen, was sie ist: Katze und sonst nichts. Der Versuch, sich in das Tier hineinzuversetzen, erleichtert das Verstehen ungemein. Man fragt dann nicht: »Was würde *ich* in einer bestimmten Situation tun?« sondern: »Was würde ich anstelle der *Katze* tun?« Und plötzlich erscheint so manche Handlung des Tieres nicht mehr abnormal, sondern aus dessen Sicht völlig richtig.

Der Mensch stellt hohe und oft unerfüllbare Erwartungen an ein Haustier. Und er verschwendet keinen Gedanken daran, wie er selbst in den Augen der Katze dasteht. Sie spricht nicht aus, was sie möchte, aber sie weiß es. Aus diesem Grund mag dieser Vierbeiner manche Menschen sehr und lehnt andere ab.

Wie sich die Katze ihren »Idealmenschen« wünscht, können wir nur vermuten. Aber mit an Sicherheit grenzender Wahrscheinlichkeit sollte er so sein:

- gleichbleibend freundlich
- ruhig
- liebevoll
- gefühlsbetont
- tolerant
- konsequent
- zuverlässig
- ortsgebunden

Die Katze und ihr Heim

Eine Katze mit freiem Auslauf sieht im Menschen einen guten Freund. Doch noch weit enger verbunden als mit ihm ist sie mit ihrem Wohnort beziehungsweise ihrem Revier. Diese Tatsache wird dem Tier häufig übelgenommen, wieder einmal völlig zu Unrecht. Reviertreue ist für die Katze eine zwingende Notwendigkeit. Im Gegensatz zum Hund besitzt die Katze eine vergleichsweise schlechte Nase. Sie eignet sich nicht dazu, ständig neue, lohnende Jagdreviere zu erschnüffeln. In unbekannten Gefilden muß sich die Katze mit Augen und Ohren langsam und höchst mühsam »einarbeiten«, und das bedeutet unter Umständen hungrige Zeiten. Allein durch Beobachten bringt ein Minitiger erst nach und nach in Erfahrung, wo eventuelle Beutetiere leben, wo sich die Jagd am meisten lohnt usw. Wen wundert es da noch, daß die Katze ihr angestammtes Revier freiwillig nur unter zwingenden Umständen aufgibt?

Aus menschlicher Sicht kommt hier sofort der Einwand: Wenn es der Katze nur um die Sicherstellung ihrer Ernährung geht, dann müßte sie doch gerade dem regelmäßig futtergebenden Menschen ewige Treue schwören. Doch diese Verbindung stellt die Katze nicht her. Ihr »Instinktprogramm« besagt, daß sie sich die Nahrung erjagen muß und dazu ein Revier benötigt. Die volle Futterschüssel des Menschen nimmt sie gern entgegen, aber das Instinktverhalten bleibt davon unberührt. Das Revier hat also naturgemäß einen viel höheren Stellenwert als der Mensch.

Ihren Lebensbereich hält die Katze fest unter Kontrolle. Er wird eingeteilt in das Heim erster Ordnung, in das Heim zweiter Ordnung und in das Jagdrevier.

Als Heim erster Ordnung gilt die Wohnung oder das Zimmer, wo sich Schlaf- und Futterplatz befinden. Hier, in dieser »heilen Welt«, fühlt sich der Stubentiger sicher und geborgen. Daß man einen solch angenehmen Platz nicht mit Exkrementen beschmutzt, versteht sich von selbst. Dringende Bedürfnisse werden außerhalb erledigt. Diesem ungeschriebenen Gesetz folgen Katzenkinder schon etwa ab der fünften Woche. Die Katze beansprucht das Heim erster Ordnung selbstverständlich für sich allein beziehungsweise für sich und die menschlichen und tierischen Freunde aus der Familie. Sollte eine fremde Katze oder gar ein Hund eindringen, reagiert die Katze mit angestammtem Recht fuchsteufelswild. Ein wahrer Hagel von Tatzenhieben wird von furchterregendem Fauchen begleitet. Vor einer solchen Furie ziehen sich sogar kräftemäßig überlegene Eindringlinge erschrocken zurück. Auch fremde Menschen werden mißtrauisch beäugt, jedoch nur selten direkt attackiert.

Um das Heim erster Ordnung erstreckt sich das Heim zweiter Ordnung. Hier streift die Katze umher, hier hat sie ihre Sonnenplätzchen und ihre bewährten Beobachtungsposten. Kater sehen im Heim zweiter Ordnung zudem ihr ureigenstes Sexualterritorium. Damit das jeder kapiert, werden die Grenzen mit jenem deutlich riechenden Sekret aus den Analbeuteln markiert (siehe Seite 22). Eine Kätzin, die sich innerhalb dieser »Grenzpfosten« aufhält, betrachtet der Kater ungefragt als Eigentum. So mancher Casanova wurde diesbezüglich im Ernstfall schon eines Besseren belehrt. Übrigens: Auch Kätzinnen markieren, wenn auch weniger ausgeprägt. Sie können dem Urinstrahl keine Duftstoffe beimischen.

Das Jagdrevier erstreckt sich über das Heim zweiter Ordnung hinaus, und es passiert häufig, daß sich die Reviere mehrerer Katzen überschneiden. Doch darin sieht niemand ein Problem. Jede Katze durchstreift das Gebiet auf eigenen Pfaden, und so begegnen sich Nachbarn selten. Über gemeinsam genutzte Wege einigt man sich normalerweise gütlich, oder das Wegerecht wird erstritten. Dann geraten sich Katzen schon mal in die Haare, doch davon mehr im nächsten Kapitel.

Herzhaftes Gähnen nach einem Nickerchen in der Sonne macht wieder munter.

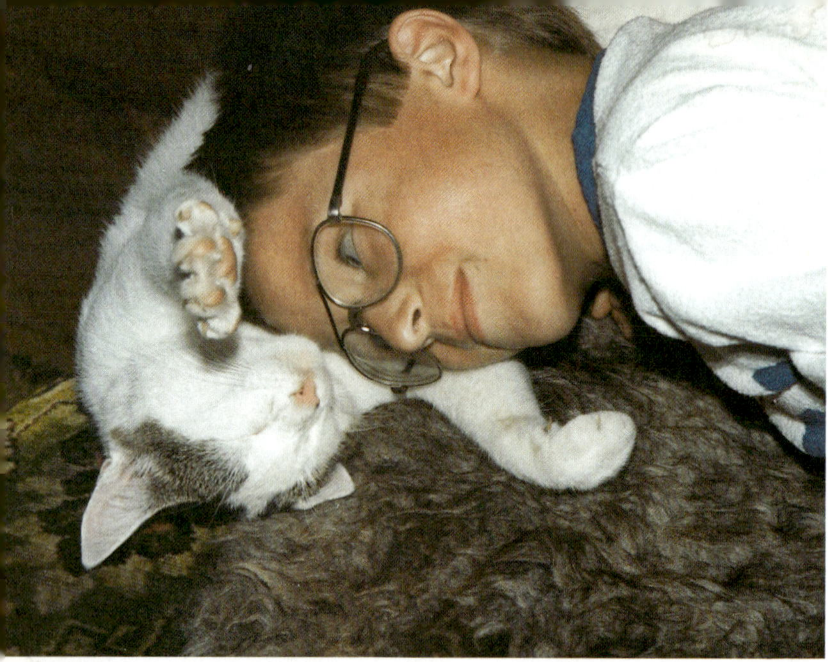

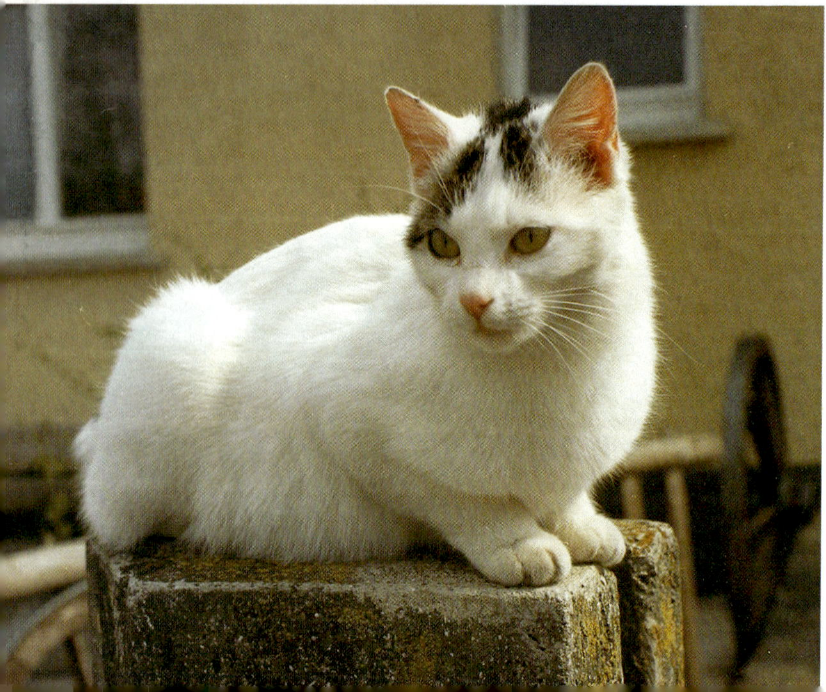

Katzen-Alltag

In ihrer vertrauten Umgebung führen Katzen ein äußerst geregeltes Leben. Natürlich ist der Tagesablauf nicht völlig starr, und er unterscheidet sich von Tier zu Tier. Jede Katze berücksichtigt in ihrer Planung nämlich auch die individuellen Gewohnheiten ihrer Familie. Im Prinzip aber teilen sich alle Katzen die Zeit nach einem ähnlichen Rhythmus ein. So könnte er beispielsweise aussehen:

Kater Puma kehrt von seiner Nachtschwärmerei jeden Morgen gegen fünf Uhr zurück. Er miaut fordernd vor dem Schlafzimmerfenster: »Laß mich gefälligst rein.« Schlaftrunken fährt der leidgeprüfte Katzenhalter aus seinem wohlverdienten Morgenschlummer, um dem lästigen Kater zu öffnen. Der Mensch legt sich nochmals aufs Ohr, und auch Puma beansprucht einen Platz im warmen Bett. Wenn um sechs der Wecker klingelt, reißt das nur den Menschen hoch. Puma riskiert vielleicht ein Auge und bleibt liegen. Klappert jedoch in der Küche das Frühstücksgeschirr, weiß der Kater dieses Zeichen zu deuten. Er steht auf, streckt seine müden Glieder, gähnt herzhaft, marschiert in die Küche und wünscht der Familie beim Frühstück mit vernehmlichem »Mau« einen guten Morgen. Es ist nicht so, daß Puma Hunger hätte, denn sein Magen verdaut noch die Mäuse der Nacht. Aber vielleicht fällt ja doch ein gutes Bröckchen beim Frühstück ab. Und überhaupt will der Kater sehen, ob alles seinen gewohnten Gang geht.

Den Vormittag verbringt Puma in der näheren Umgebung. Er macht einen Kontrollgang, sitzt eine Weile auf dem Zaunpfahl mit der guten Aussicht, schlägt kurz einen fremden Kater in die Flucht und sucht sich dann ein Plätzchen zum Dösen in der Sonne. Von Schlafen kann dabei keine Rede sein, denn die empfindlichen Ohren melden jedes noch so kleine Geräusch. Puma ist ständig auf dem laufenden.

Pünktlich um 12.30 Uhr sitzt der Kater am Gartentor auf Ausguck. Jetzt muß gleich Martin von der Schule kommen. Richtig. Mit hocherhobenem Schwanz und viel »Miau« begrüßt Puma den Freund und begleitet ihn ins Haus. Es gibt Mittagessen, und da fällt auch für Puma etwas ab. Auf keinen Fall will der Kater Frauchens

---

Oben: Zwei dicke Freunde beim Schmusen: Der Kater drückt verzückt die Augen zu, streckt die Pfoten und spreizt genüßlich die Zehen.
Unten: Alles unter Kontrolle: Der Gartenpfosten ist ein idealer Aussichtsplatz.

Abb. 24: Es ist Putzzeit. In vertrauter und friedvoller Umgebung kann man sich der Körperhygiene hingeben.

Foto: tol

Mittagsschlaf verpassen. Da hält Puma mit und kann es sich leisten, in tiefen Schlaf zu fallen.

Am Nachmittag steht viel auf dem Programm. Ein Streifzug durchs Revier, dabei eine wenig ernstgemeinte Jagd auf einen frechen Spatz. Man will schließlich in Übung bleiben. Die Spielrunde mit Martin ist obligatorisch, und wenn Puma ganz gut aufgelegt ist, ärgert er noch eine Weile Nachbars Lumpi. Dann zieht sich der Kater zu einem Nickerchen in Martins Bett zurück.

Pünktlich um 18 Uhr steht Puma in der Küche: Fressenszeit. Der Magen knurrt, und deshalb muß dieser Termin wahrgenommen werden. Natürlich besteht die Gefahr, daß man hinterher nicht mehr aus dem Haus kommt. Doch das klärt Puma später, im Moment hat der Hunger Vorrang. Nach der Mahlzeit rollt sich Puma auf seinem Lieblingsplatz zusammen und schläft eine Runde. Doch eine Stunde später wird Puma unruhig. Er will raus, denn abends werden alle Katzen munter. Die Freuden der Nacht locken – ein Liebesabenteuer, eine Katzenversammlung, ein Umzug der Bruderschaft und natürlich die Jagd. Daß Puma zwischendurch auch mal gemütlich in einem Heuschober schlummert, braucht ja niemand zu wissen. Gegen fünf Uhr früh hat der Kater dann genug erlebt und möchte gefälligst ins Bett.

Leben in der Wohnung

Was das Territorium betrifft, ist eine Stubenkatze zwangsläufig schlechter dran. Sie muß mit wenigen Räumen oder sogar nur mit einem einzigen Zimmer zufrieden sein. Dadurch reduziert sich ihr Heim erster Ordnung automatisch auf den engen Bereich um Schlaf- und Futterplatz. Alles Weitere wird als Heim zweiter Ordnung und gleichzeitig als Streifgebiet betrachtet. In diesem Zusammenhang läßt sich verstehen, warum ein unkastrierter Kater selbst in der Wohnung markiert. Instinktiv will er sein Revier für alle Welt kenntlich machen.

Wohl jeden Katzenfreund quält irgendwann die Frage: Kann der Minitiger mit seinem bloßen Stubendasein wirklich glücklich sein? Keine Katze wurde dazu jemals befragt. Allem Anschein nach aber bereitet der begrenzte Lebensraum den Tieren keine Schwierigkeiten. Die Katze gibt sich mit dem kleinen Wohnungsrevier zufrieden – vorausgesetzt, sie durfte nie im Leben die große, weite Welt kennenlernen. Einer unserer kastrierten Kater verbrachte fünf Jahre nur in der Wohnung. Er saß gern im offenen Fenster und beobachtete interessiert die Vorgänge draußen. Als wir das Tier dann eines Tages mit hinaus auf die Wiese nahmen, taten wir ihm damit keinen Gefallen. Der Kater fühlte sich sichtlich unwohl, schlich nur geduckt umher und hatte es eilig, wieder heimzukehren in sein gewohntes Reich. Alle unsere Versuche über Jahre hinweg, ihm das »Gassigehen« schmackhaft zu machen, schlugen fehl. Ähnlich erging es einer etwa achtjährigen Katze, die zu einer Bekannten aufs Land kam. Das Tier kannte bis zu diesem Zeitpunkt nur die Wohnung und wurde nun plötzlich mit der totalen Freiheit konfrontiert. Die Katze machte jedoch keinen Gebrauch davon, sondern blieb im sicheren Haus. Erst nach Monaten wagte sie ein paar Schritte hinaus in den Garten, entfernte sich aber nie weit.

So barbarisch es für manche Ohren klingen mag: Wer eine Katze – egal, ob männlich oder weiblich – nur in der Wohnung halten will, muß das Tier kastrieren lassen. Freilich nicht nur wegen der zu erwartenden Geruchsbelästigung auf Grund des Markierens beziehungsweise wegen des renitenten Verhaltens der Tiere, sondern einfach der Katze zuliebe. Ein Kater, der immer nur »möchte« und nie »darf«, quält sich und leidet. Nicht anders ergeht es einer Kätzin, der man den ersehnten Liebhaber ewig vorenthält. Keine Angst, nach einer Kastration »weinen« die Tiere keineswegs dem Verlorenen hinterher. Der Trieb zum Sexualverhalten ist weg, und Katzen denken nicht an alte Zeiten, im Gegenteil. Die Tiere fühlen sich wohl, haben einen ausgeglichenen Gemütszustand und schließen sich meist noch enger an den Menschen an.

Katzen unter sich

Katzen sind zwar Einzelgänger, aber dennoch gesellschaftsfähig. Der Minitiger geht seinen Artgenossen nicht grundsätzlich aus dem Weg, sondern sucht sogar hin und wieder den Kontakt. Und obwohl die Tiere kein soziales Gruppenverhalten kennen, laufen Begegnungen nach festen Regeln ab, die jede anständige Katze befolgt.

Wie man sich kennenlernt

Jede Katze wird versuchen, eine fremde aus dem eigenen Bereich zu verjagen. Je näher das Heim erster Ordnung, desto heftiger fallen die Attacken aus. Das eindringende Tier fühlt, daß es hier kein Recht hat und räumt normalerweise das Feld.

Treffen sich zwei einander fremde Katzen auf neutralem Boden, beginnt ein Ritual: Jede will die andere näher unter die Lupe nehmen, doch dabei ist größte Vorsicht geboten. Die Ohren sind gestellt, die Tasthaare empfangsbereit gesträubt, der Schwanz hängt, und man nimmt Imponierhaltung ein. So schreiten die Tiere aufeinander zu und stehen sich schließlich Nase an Nase gegenüber, freilich ohne sich zu berühren. Dann schleichen die Katzen langsam seitlich aneinander vorbei, beschnuppern sich gegenseitig die Flanken und tasten sich so zufällig in Richtung Schwanz. Und jetzt wird's spannend: Jede Katze strebt die Analkontrolle an, doch keine will es der anderen so ohne weiteres gestatten. Die physisch und psychisch stärkere Katze drängt nun auf ihr vermeintliches Recht und treibt dadurch das schwächere Tier in die Defensive. Es legt die Ohren an, nimmt Abwehrhaltung ein, faucht und teilt schließlich kräftige Ohrfeigen aus.

Seltsamerweise entwickelt sich daraus keine Prügelei. Die stärkere Katze gibt ihr Vorhaben auf, und dadurch glätten sich die Wogen. Entweder sucht die schwächere Katze schleunigst das Weite, oder beide Tiere sitzen noch eine Weile nur so herum. Man sieht sich dabei nicht an, und das hat einen plausiblen Grund: Direkter Blickkontakt würde womöglich Aggressionen auslösen. Dazu soll es aber nicht mehr kommen. Durch gezieltes Wegsehen fühlen sich beide Katzen unbeobachtet und können so irgendwann ihrer Wege gehen.

Begegnen sich zwei gleichstarke Tiere auf neutralem Boden, verläuft die Bekanntschaft meist völlig friedlich. Nach dem gegenseitigen Beriechen flehmen die Katzen und gehen dann wieder ohne Hast auseinander. Gut befreundete Katzen präsentieren voreinander den Schwanz und laden so zur Analkontrolle ein. Das offene Herzeigen des Analbereichs ist ein Vertrauens- und Freundschaftsbeweis. Die Kätzin umschmeichelt so den Kater, Jungkatzen suchen Kontakt zu erwachsenen Tieren, und auch der vertraute Mensch wird ja mit hocherhobenem Schwanz begrüßt.

Begegnungen im Freien

Das eigene Revier ist jeder Katze heilig, und sicher würde sie gern an der Grenze Schilder aufstellen »Betreten verboten«. Vielleicht versucht sie es sogar mit dem Markieren. Allerdings üben diese Duftnoten auf andere Katzen keine abschreckende Wirkung aus. Man nimmt die Markierung mit Interesse zur Kenntnis, setzt eventuell das eigene »Parfum« darüber und betritt dann ungerührt fremdes Terrain.

Abb. 25: Auf Streifzug im Revier: Was gibt's Neues?

Foto: Lutz Böhme

Weil es benachbarten Katzen schlichtweg unmöglich ist, sich nicht irgendwo ins Gehege zu geraten, hält man sich an bewährte Regelungen. Keine Katze wird einen Pfad betreten, wenn sie von weitem sieht, daß bereits eine Kollegin in dieselbe Richtung trabt. Wer zuerst da ist, hat das Vorrecht. Die zweite Katze wartet eine Weile oder schlägt einen anderen Weg ein.

Wer einen vielbenutzten Pfad zuerst betritt, setzt gleich am Anfang Kot ab, ohne ihn – wie ja sonst üblich – zu vergraben. Dieses Signal informiert eine eventuell folgende Katze und veranlaßt sie prompt, die Richtung zu ändern.

Sollten doch einmal zwei Katzen zufällig aufeinandertreffen, einigt man sich normalerweise gütlich. Beide Tiere nehmen in gebührendem Abstand Platz und warten höflich ab. Zunächst starren sich die Katzen an, sehen aber zwischendurch immer wieder weg. Auf diese Weise erhält eine die Möglichkeit, sich »ungesehen« davonzustehlen. Manchmal ziehen sich aber auch beide Tiere zurück.

Nicht immer läuft alles so friedlich ab. Hin und wieder müssen Wegerechte ausgehandelt werden, und dabei geraten sich die Katzen in die Haare. Man ficht eine relative Rangordnung aus. Am besten läßt sich dies an einem Beispiel erklären:

> Muschi befindet sich auf einem Kontrollgang durch ihr Revier. Sie biegt arglos um eine Hüttenecke – und stößt unverhofft mit Minka zusammen. Beide Katzen haben denselben Pfad im Auge, doch wer darf ihn zuerst betreten? Als Revierinhaberin genießt Muschi ein gewisses Vorrecht, doch heute ist Minka zu keinen Zugeständnissen bereit. Da bleibt nichts übrig, als das Wegerecht in fairem Kampf zu erstreiten. Minka geht als Siegerin hervor und hat nun einen relativ höheren Rang. Ihr gebührt von nun an der Vortritt, aber: Diese Überlegenheit wird von Muschi nur an dieser Stelle anerkannt. Treffen sich beide Katzen an einer anderen Kreuzung, muß der Rang erneut festgestellt werden. Das Vorrecht kann sogar zeitgebunden sein. Das heißt, täglich um 15 Uhr darf Minka den Wechsel zuerst betreten, doch um 18 Uhr kann die Lage am selben Platz schon wieder völlig anders aussehen.

Die ranghöhere Katze pocht übrigens nicht in jedem Fall auf ihren Status. Erreicht beispielsweise Muschi als erste den erwähnten Pfad, wird sie von Minka keineswegs am Betreten gehindert. Nur wenn beide durch Zufall gleichzeitig am Eingang stehen, macht Minka rangbewußt den ersten Schritt.

Gesellschaftsleben der Katze

Lange glaubte man, die Kontakte zwischen freilaufenden Katzen würden sich auf solch mehr oder weniger zufällige Begegnungen beschränken. Tatsächlich weiß man inzwischen, daß die Tiere ein richtiges Gesellschaftsleben pflegen. Kater haben sogar eine Art Stammtisch, und wenn Mieze abends ausgeht, dann vielleicht zu einem geselligen Beisammensein.

Die Katzen einer Gegend haben oft nächtliche Treffpunkte. Man sitzt stets am selben Ort zur selben Zeit zwanglos beieinander. Die meisten Tiere sind auf einen gewissen Abstand bedacht, nur wer sich sehr gut kennt, rückt näher. Und was passiert auf einer solchen Party? Eigentlich nichts, es wird weder angebandelt noch gestritten. Irgendwann, oft erst gegen Morgen, löst sich die Versammlung auf. Ihr Sinn bleibt uns Menschen vorerst verborgen. Aber wahrscheinlich geht es einfach nur ums Sehen und Gesehenwerden.

Mehr wissen wir über die »Bruderschaft der Kater«, wie sie LEYHAUSEN nennt. Zu diesem reinen Männerclub schließen sich die Kater einer bestimmten Gegend zusammen und kontrollieren gemeinsam das Gebiet. Die Mitglieder des Vereins unterwerfen sich einer absoluten Rangordnung, und sie muß erkämpft werden. Die Kater treten gegeneinander an und raufen, daß die Fetzen fliegen. Dabei gelten exakte Spielregeln:

Der Herausforderer tritt mit gesträubtem Fell, Buckel und steil aufgerichteten Ohren knurrend und jaulend in den Ring. Sofort nimmt der Gegner dieselbe Haltung ein, und so staksen beide Tiere mit steifen Beinen aufeinander zu. Man will imponieren, seine Größe zeigen, den anderen einschüchtern. Manchmal verharren beide Katzen plötzlich minutenlang und starren sich an. Dabei steigt nur noch die Kampfeslust, und schon geht der Tanz weiter. Immer näher rückt man sich auf den Leib. Schließlich stehen die Kater etwa auf gleicher Höhe Seite an Seite, und jetzt folgen Tätlichkeiten. Die Tiere springen sich an, gehen zu Boden, umklammern sich, setzen Krallen und Zähne als nadelspitze Waffen ein. Meistens läßt der Stärkere zuerst aus; und wieder wird gedroht bis zum Nahkampf. Das schwächere Tier gebärdet sich meist noch viel wilder als das stärkere. In die Enge getrieben, wirft es sich auf den Rücken und zeigt dem Angreifer die Dolche an allen vier Pfoten.

Wenn endlich nach mehreren Runden einem der Kater die Puste ausgeht, beendet er das Match. Er wehrt sich nicht mehr, sondern kauert sich ruhig nieder. Zwar ist der Gegner zunächst noch voll in Fahrt, doch seine Angriffswut wird sofort gehemmt. Sie verpufft ins Leere. Der Sieger schnuppert noch ein wenig herum und verläßt dann die Arena. Soll die Überlegenheit zum guten Schluß nochmals überdeutlich demonstriert werden, folgt eine eindeutige Vorführung: Der siegreiche Kater spritzt seine Duftmarke an eine Stelle, die voll im Blickfeld des einstigen Rivalen liegt. Eine ähnliche Geste ist das Krallenwetzen an einem Baum. Der Kater führt es besonders lange und mit kräftigen Bewegungen aus, als wolle er sagen: »Da siehst du, wie stark ich bin.«

Das unterlegene Tier versteht und geht ziemlich belämmert vom Platz, manchmal aber auch in großen, erleichterten Sprüngen. Das eigene Selbstbewußtsein ist schwer angeknackst und muß dringend aufgemöbelt werden. Dies geschieht erst außer Sichtweite des Siegers – beispielsweise, indem der unterlegene Kater mehrere Markierungen setzt oder ebenfalls die Krallen schärft. Nach dieser »mutigen« Tat geht es ihm schon wieder deutlich besser.

Wer im Kampf gewinnt, hat seinen Rang innerhalb der Bruderschaft erfochten und gilt etwas. Praktische Auswirkungen ergeben sich dadurch jedoch nicht. Es ist mehr eine Sache des Gefühls, höher zu stehen als ein anderer. Dieser andere wird deswegen nicht aus dem Revier vertrieben. Er gehört auch weiterhin zum Club, fühlt aber seinen niedrigeren Rang. Zwischen Tieren mit höherer und niedrigerer Stellung kommt es normalerweise zu keinem Rangordnungskampf mehr. Möglich sind lediglich noch Auseinandersetzungen um Wegerechte, doch diese relative Rangordnung wird eher in Scheingefechten ausgehandelt. Keinerlei Bedeutung hat der Status in der Bruderschaft, wenn es um die Liebe geht. Jeder Kater besitzt dasselbe Recht, sich um ein Weibchen zu bemühen. Die Gemüter erhitzen sich, bis die Rivalen schließlich wieder zum Gefecht blasen. Aber auch diese Streitigkeiten werden weit weniger hart ausgetragen. Vor allem: Der Sieger mag vielleicht im Ansehen seiner Mitbewerber steigen, doch auf die Kätzin macht der ganze Rummel keinerlei Eindruck. Sie zieht womöglich mit dem Schwächsten ab (siehe Seite 55). Auf diese Weise hat die Natur dafür gesorgt, daß jeder gesunde Kater zur Erhaltung der Art beitragen kann.

In der Bruderschaft der Kater gibt es so etwas ähnliches wie eine Zwangsmitgliedschaft. Kein Kater kann sich heraushalten, wenn er nicht zum Gespött und Prügelknaben der anderen werden will. Die Bruderschaft fördert den Nachwuchs auf ihre Weise:

Zieht ein erwachsener Kater in einem Gebiet zu, muß er sich »unter Brüdern« sofort bewähren. Einen jungen Kater läßt man etwa ein Jahr oder mehr in Frieden, doch dann schlägt die Stunde der Wahrheit: Vor dem Haus beziehungsweise der Wohnung des Jünglings versammeln sich die gestandenen Männer und bringen ein Ständchen. Es ist kein Drohgesang, sondern gleicht eher dem Liebeswerben um eine Dame. So mancher Mensch glaubt, die Kater hätten sich in der Adresse geirrt, doch keineswegs. Sie locken den jungen Burschen lediglich mit »Engelszungen« heraus, um – wie es sich gehört – der Bruderschaft beizutreten.

Der Kater im Haus wird nervös, will dem Ruf folgen. Der Mensch meint es gut und versperrt Fenster und Türen, doch irgendwann entwischt der Kater. Man kann ihm gewisse Erfahrungen einfach nicht ersparen. Sicher kommt der arme Kerl eine Zeitlang immer wieder mehr oder weniger verletzt nach Hause, doch das schwächt nicht sein Selbstbewußtsein. Die Aufnahmebedingungen in die Bruderschaft sind hart. Die alten Mitglieder fordern den Jüngling heraus, er stellt sich und bezieht kräftig Prügel. Aber irgendwann nimmt er im Verein einen Rang ein, gehört dazu. Wer sich im wahrsten Sinne des Wortes durchbeißt, findet in dieser Männergesellschaft immer Anerkennung, selbst auf einer unteren Rangstufe. Ein Feigling, der dieser Prozedur aus dem Weg geht, kann sich dagegen in der ganzen Umgebung nirgendwo sehenlassen.

Fast könnte bei solchen Schilderungen der Eindruck entstehen, als seien Katzen von Grund auf kriegerische Gesellen. In Wirklichkeit legen die Tiere lediglich Wert auf klare Verhältnisse. Sie werden ausgefochten, und so entsteht die Basis für eine friedliche Koexistenz. Während viele andere Tiergemeinschaften den Schwachen kaum eine Chance geben, sind Katzen in dieser Beziehung richtig sozial. Im Kampf unterlegene Tiere werden weder vertrieben noch von stärkeren tyrannisiert. Leben und leben lassen, das scheint die Devise der Katzen zu sein.

Beengte Verhältnisse

Freilich verläuft das Leben von Katzen, die nur ein Wohnungsdasein führen, weit weniger wechselhaft und stürmisch. In dieser kleinen Welt, abgeschirmt von äußeren Einflüssen, verhalten sich die Tiere anders. Wenn zwei oder mehr Katzen zusammenwohnen, entstehen häufig echte Freundschaften, ähnlich wie zum Menschen. Und gute Freunde sehen einander bekanntlich manches nach. So unterschreiten Wohnungskatzen beispielsweise ständig die Individualdistanz, was eine Katze im Freien nicht dulden würde. Stubentiere schmusen miteinander, lecken sich gegenseitig das Fell und schlafen oft engumschlungen.

Auf kleinstem Raum und bei gleichbleibender Zusammensetzung der Gemeinschaft bildet sich unter den Katzen unter Umständen eine feste Rangordnung heraus. Wer gut beobachtet, erkennt dies an Kleinigkeiten: Eine Katze geht immer als erste zum Futternapf, ein besonders beliebter Schlafplatz wird von einer niederrangigeren

Abb. 26: Katzen, die miteinander leben, werden enge Freunde und pflegen sich gegenseitig auch das Fell.

Foto: Verein Deutscher Katzenfreunde e. V.

Kollegin freigemacht, wenn die höhergestellte Katze Anspruch darauf erhebt usw.

Schwierig ist es, einer bisher alleinlebenden Wohnungskatze eine Partnerin zu geben. Die Neue wird als Eindringling betrachtet und selten so ohne weiteres hingenommen. Manche Katzen verteidigen ihr Reich mit Krallen und Zähnen. Doch nach einigen harten Auseinandersetzungen arrangieren sich die Tiere meistens, leben fortan friedlich zusammen und werden mit der Zeit sogar Freunde. In anderen Fällen herrscht zwar Waffenstillstand, aber beide Katzen bleiben sich für immer fremd.

Besonders kritisch wird es, wenn die neue Katze sehr selbstbewußt auftritt und so tut, als gehöre ihr die Welt beziehungsweise das Heim. Solch unverschämtes Verhalten kann einen alteingesessenen, sensiblen Minitiger in seinen Grundfesten erschüttern. Er ist schokkiert, zieht sich zurück und leidet. Die Auswirkungen davon können von urplötzlicher Stubenunreinheit über gesteigerte Aggressivität gegen jeden (siehe Seite 80 ff.) bis zu organischen Erkrankungen reichen. Natürlich gibt es auch den umgekehrten Fall: Die Katze mit älteren Rechten tyrannisiert den verschüchterten Neuling so, daß dieser die beschriebenen Reaktionen zeigt.

Wir Menschen müßten dieses Verhalten der Katze eigentlich verstehen. Stellen Sie sich vor, es käme ein Wildfremder ohne anzuklopfen einfach zur Tür herein und machte sich in Ihrem Haus ganz selbstverständlich breit. Unmöglich so etwas? Genauso empfindet es die Katze. Wenn man zwei oder gar mehr Katzen halten will, dann am besten von Anfang an. Junge Tiere gewöhnen sich im Handumdrehen aneinander, mit Wurfgeschwistern gibt es überhaupt keine Schwierigkeiten. Soll eine erwachsene Katze Gesellschaft bekommen, dann möglichst ebenfalls von einem Jungtier. Es wird nicht als Konkurrenz betrachtet, sondern oft sogar bemuttert.

Größte Vorsicht ist geboten, wenn man zwei erwachsene Tiere zusammenbringen will. Die erste Begegnung sollte unbedingt auf neutralem Boden stattfinden. Am besten wäre es, wenn sich die Katzen über Tage hinweg an diesem Platz immer wieder treffen könnten. Bei gegenseitiger Sympathie werden sie sich schließlich auch im Revier vertragen. Hegen beide Katzen ganz offensichtlich eine unüberwindliche Abneigung gegeneinander, sollte man ihnen keine Wohngemeinschaft zumuten.

Mutter und Kind

Wie sehr die Hauskatze noch immer Wildtier ist, wird bei einer Geburt besonders deutlich. Die werdende Mutter sucht sich einen versteckten Platz fürs Wochenbett, denn sie möchte ihre Kinder unter Ausschluß der Öffentlichkeit zur Welt bringen. Während beim Hund Gebärschwierigkeiten zu den typischen Domestikationserscheinungen gehören, kennt zumindest eine unadelige Wald- und Wiesenkatze solche Probleme kaum. Sie wirft ihre Jungen nach 58 bis 64 Tagen Tragzeit ohne menschliche Hilfe und weiß genau, was zu tun ist: Nabelschnur abbeißen, Fruchtmembran aufreißen, sauberlecken und dafür sorgen, daß die Kleinen sofort zur Milchquelle können. Findet das freudige Ereignis im Haus beziehungsweise in der Wohnung statt, sollte man das Tier vor Zuschauern schützen. Lediglich die vertraute Bezugsperson darf der Katze in ihren schmerzhaften Stunden beistehen – in erster Linie passiv durch liebevolles Zureden. Auch nach der Geburt wünscht die Katze mit ihrem Wurf einen geschützten Platz. Bringt sie ihre Kinder irgendwo in einem Heuschober oder ähnlichem zur Welt, werden die Kleinen dem Menschen frühestens dann vorgestellt, wenn ihre Augen geöffnet sind.

In den ersten Tagen nach der Geburt ist die Katze schwer beschäftigt. Etwa 70% ihrer Zeit verbringt sie damit, die Jungen zu säugen. Außerdem müssen alle kleinen Bäuche regelmäßig massiert werden, damit die Verdauung klappt. Und schließlich räumt die Mutter »das Ergebnis« auch noch persönlich weg (frißt es auf), denn sie will das Lager sauberhalten. Doch eines steht der Kätzin bei allem ins Gesicht geschrieben: ihr Stolz auf den Nachwuchs. Sie hat, wie alle Mütter, die prächtigsten Kinder der Welt. Sie wirkt rundum glücklich und zufrieden und geht auf in ihren familiären Pflichten.

Zunächst läßt die Mutter ihren hoffnungsvollen Nachwuchs höchstens minutenweise allein. Erst wenn die Kleinen sehen und selbständiger werden, wagt sich die Alte länger weg. Ganz klar, daß sie ihre Familie bei Gefahr unter Einsatz des eigenen Lebens verteidigt. Eine Katzenmutter wird zur Furie und greift selbst große Gegner an, vor denen sie normalerweise fliehen würde. Dabei wartet die Katze nicht, bis beispielsweise ein Hund gefährlich nahe kommt. Sie geht schon voll zum Angriff über, wenn er unbeabsichtigt und arglos einen gewissen Abstand unterschreitet. Sogar mit fremden

Menschen nimmt es die Katze auf, wenn sie um ihre Kinder fürchtet. Die Kleinen haben anfangs nur zwei Interessen, nämlich Trinken und Schlafen. Was soll man im blinden Zustand auch sonst tun? Aber so hilflos die Kätzchen momentan noch wirken, der Existenzkampf hat bereits begonnen. Jedes Tier muß sich einen Platz an der begehrten Milchquelle erobern und die Zitze gegen ebenso gierige Geschwister halten. Acht Zitzen stehen zur Verfügung, und die ergiebigsten liegen Richtung Brust. Schon am ersten Tag setzt sich das stärkste Kätzchen durch und nimmt den besten Platz ein. Den einmal ergatterten Zitzen bleiben die Tiere bis zur fünften Woche treu. Der Fachmann nennt das *Zitzenkonstanz*.

Die Mutter gibt Wärme und Geborgenheit. Sie »spricht« leise und zärtlich mit ihren Kindern, und so entsteht schon sehr früh eine enge Bindung. Die Kleinen ihrerseits geben bereits Laute von sich, die von der Mutter verstanden werden. So maunzt ein Sprößling beispielsweise kläglich, wenn er versehentlich aus dem Nest gekrabbelt ist. Sofort holt die Mutter den Ausreißer zurück. Rührende Fürsorge zeigt die Katzenmama allerdings nur gegenüber kräftigen, gesunden Jungen. Schwächliche, kranke Kinder, die voraussichtlich einem Leben in freier Wildbahn (denn davon geht jede Hauskatze instinktiv aus) nicht gewachsen sein werden, erfahren eine geradezu stiefmütterliche Behandlung. Deshalb ist die Katze nicht »unmenschlich«. Sie vollzieht lediglich die von der Natur vorgesehene Auslese. Ohne Eingreifen des Menschen hat ein Kümmerling kaum Überlebenschancen.

Das Licht der Welt erblicken die Jungen zum ersten Mal nach sechs bis zwölf Tagen. In diesem Zeitraum gehen die Augen auf, und das Sehvermögen entwickelt sich langsam. Mit etwa drei Wochen können die Kätzchen richtig sehen, und spätestens jetzt sind die ruhigen Tage vorbei. Die Kleinen werden unternehmungslustig und gehen auf Entdeckungsreise. Man übt sich im Laufen und Springen; und was anfangs noch reichlich ungelenk erscheint, wird zunehmend sicherer. Dann kommt Spielen groß in Mode. Die Tierchen belauern sich, springen sich an, jagen nach allem, was sich bewegt, balgen und purzeln herum. Richtiges Aggressionsverhalten zeigen die kleinen Katzen allerdings erst etwa ab dem 52. Tag.

Mutter Katze hat mit ihrer Kinderschar alle Pfoten voll zu tun. Spätestens ab der vierten Woche versuchen die Kleinen, der Alten zu folgen. Immer wieder verläuft sich ein Kätzchen, schreit hilfesu-

chend und wird daraufhin von der alarmierten Mutter wieder einge-
sammelt. Die Kätzin packt das Junge am Nacken und schleppt es ins
Wurflager. Das Kleine wehrt sich nicht, sondern fällt sofort in
Tragstarre. Von Tag zu Tag werden die Kätzchen unternehmungs-
lustiger und dreister. Die Mama zeigt wirklich eine Engelsgeduld
mit ihnen, doch irgendwann ist das Maß voll. Dann greift sie
energisch durch. Zuviel Frechheit oder ungehorsames Verhalten
wird mit Ohrfeigen geahndet.

Mit etwa fünf Wochen sind die Kätzchen nach Ansicht der Mutter
alt genug, um etwas Anständiges zu lernen. Die Kätzin gibt nun
Unterricht in Jagdkunde. Zunächst schleppt sie wiederholt eine tote
Maus ins Nest, läßt die Jungen ein wenig damit spielen und frißt die
Beute dann selbst. Eines Tages erscheint die Katzenmama mit einer
lebenden Maus und führt das »grausame« Spiel des Laufenlassens
und Haschens vor. Beim nächsten Mal sind dann die Jungen dran.
Sie sollen üben und stellen sich noch recht ungeschickt an. Immer-
hin: Auch eine Maus wehrt sich in Todesangst, und das erscheint
den unerfahrenen Kätzchen ganz schön gefährlich. Das mutigste
geht ran, die anderen ziehen nach, und Mutter paßt gut auf.

Das Töten der ersten Mäuse besorgt sie ohnehin noch selbst. Die
Kinder müssen den Tötungsbiß in den Nacken erst lernen, denn er
ist nicht angeboren. Das hat einen guten Grund: Der Griff zum
Nacken ist generell mit einer Beißhemmung verbunden. Deshalb
kann eine Katze ihre Jungen am Nacken tragen, ohne sie zu verlet-
zen. Und deshalb hat der Nackenbiß des Katers bei der Paarung
keine üblen Folgen. Die jungen Katzen müssen lernen, diese Beißhemmung zu überwinden, aber nur für den Fall des Tötens. Dies
geschieht eher zufällig beim Spiel mit der Maus. Das Kätzchen wird
immer eifriger, immer mutiger, gerät in Rage und beißt irgendwann
richtig fest zu. Von nun an kann es töten. Katzen, die diese
Erfahrung in den ersten Lebenswochen nicht machen konnten,
töten oft auch später nicht.

Etwa vier Wochen ernähren sich die Jungen ausschließlich an Mutters »Bar«. Dann gewöhnen sie sich langsam auch an feste Kost,
würden aber gern weiterhin saugen. Das wird jedoch der Kätzin
zunehmend lästig. Die spitzen Zähnchen der Kinder sind äußerst
unangenehm. Etwa zwischen der sechsten und zehnten Woche hat
die Alte endgültig genug. Sie schlägt die drängenden Kinder mit
Tatzenhieben ab. Nur ein Einzelkind wird manchmal länger gedul-

det und hängt dann womöglich noch mit einem Jahr an den Zitzen – obwohl längst keine Milch mehr fließt.

Leider werden junge Katzen meist viel zu früh von der Mutter weggenommen. Unter acht bis zehn Wochen sollte keine Trennung erfolgen. Versuche ergaben, daß sich ein Kätzchen, das mit zwei Wochen von der Mutter wegkam und mit der Flasche aufgepäppelt wurde, körperlich völlig normal entwickelte. Die Persönlichkeit dagegen blieb sozusagen in den Kinderschuhen stecken. Das erwachsene Tier zeigte sich ungemein betriebsam, war dabei aber überdurchschnittlich ängstlich und aggressiv. Vereinfacht ausgedrückt: Diese Katze bekam ihr Leben nicht in den Griff.

Wenn eine Katzenfamilie nicht vorzeitig auseinandergerissen wird, bleiben die Tiere lange zusammen. Für die Kinder folgt dann auf den Grundlehrgang nach und nach die Höhere Schule in Jagdkunde. Die Familie geht gemeinsam zur Jagd, und Mutter zeigt ihren Kindern alle Tricks. Außerdem vermittelt sie dem Nachwuchs ihr Wissen aus vielen anderen Lebensbereichen. Die Kinder übernehmen das

Abb. 27: Junge Birmakatzen, schon etwas müde vom Spielen.
Foto: Verein Deutscher Katzenfreunde e. V.

Feindbild der Mutter, ahmen ihre Kletterkünste nach usw. Je mehr Persönlichkeit die Jungen gewinnen, desto lockerer werden die familiären Bindungen. Spätestens mit Erreichen der Geschlechtsreife gehen die heranwachsenden Katzen ihre eigenen Wege. Falls die Mutter schon vorher wieder trächtig wird – und manche Kätzinnen nehmen bereits während der Stillzeit ihr Liebesleben wieder auf –, erfolgt die Trennung entsprechend früher.

Einen Menschen prägt die Kindheit fürs Leben. Wer ungetrübte Jugendjahre verbrachte und in einer intakten Familie aufwuchs, hat es später um vieles leichter. Dasselbe gilt für Katzenkinder. Sie lernen den Umgang mit Artgenossen im Kreis der Geschwister. Da wird das Schmusen ebenso geübt wie der faire Nahkampf. Als jugendliche »Rowdies« genießen die Tiere weitgehend Narrenfreiheit. Freilich schießen sie bisweilen weit über das erlaubte Ziel hinaus – und bekommen ihre Grenzen gesetzt. All das trägt dazu bei, daß erwachsene Katzen keine Probleme mit »zwischenkätzischen« Beziehungen haben.

Entwicklungsperioden einer jungen Katze

Erste Periode vom 1. bis 15. Tag:

In dieser Neugeborenenperiode fallen anfangs vor allem die Pendelbewegungen des Kopfes auf. Sie dienen dazu, die Zitzen der Mutter zu finden. Die kleinen Katzen können nur mit Hilfe der Vorderpfoten kriechen und verbringen ihre Zeit mit Saugen und Schlafen. Am fünften oder sechsten Tag beobachtet man erstmals den Milchtritt. Etwa ab dem neunten Tag kann die Katze wackelig stehen, unsicher gehen und sogar etwas hopsen. Bis zum zwölften Tag haben sich die Augen geöffnet, doch selbst am 14. Tag nimmt ein Katzenbaby nur Licht und noch keine Bewegungen wahr. Der Gesichtskreis erweitert sich nach und nach. Dafür steht die kleine Katze ab dem 13./14. Tag schon ziemlich sicher auf den Beinen. Sie kann sich strecken, den Kopf schütteln, sich hinterm Ohr kratzen, mit dem Schwanz schlagen und scharren. Am 15. Tag bekommt die Katze Schneidezähne und Vorderbackenzähne.

Zweite Periode vom 15. bis 22. Tag:

Jetzt hört die junge Katze auf Geräusche. Es findet eine akustische Prägung auf die Mutter beziehungsweise die Pflegeperson statt. Am 17. Tag reagiert die Katze verstärkt auf Bewegungen. Sie versucht beispielsweise, pendelnde Gegenstände mit der Pfote zu erreichen. Gegen Ende dieser Periode beginnt das Tier, unbeholfen zu spielen. Es gräbt schon eine Grube fürs »große Geschäft«, scharrt sie aber noch nicht zu. Auch das Fauchen hat die Katze inzwischen gelernt. Am 21./22. Tag brechen die Eck- und Backenzähne durch, das Milchgebiß ist komplett.

Dritte Periode von der 3. bis zur 10. Woche:

Diese Phase ist besonders wichtig, weil hier die visuelle Prägung auf die Artgenossen beziehungsweise den Menschen erfolgt. Erfahrungen, die jetzt gemacht werden, geben den Ausschlag dafür, ob sich die Katze später für ein Zusammenleben mit dem Menschen eignet. Am 23. Tag beginnt das Jungtier, seine nähere Umgebung zu untersuchen. Es betastet interessante Gegenstände mit den Pfoten und kann dabei schon die Krallen einziehen. Vor einem spielerischen Sprung zeigt die Katze das typische Trippeln mit den Hinterpfoten. Auch die ersten Kletterversuche werden gemacht. Allerdings kommt das Kätzchen vorerst nur rauf, nicht aber problemlos runter. Ab dem 25. Tag scharrt es seine gegrabene Toilette zu. Das Tier übt spielerisches Jagdverhalten vom Anschleichen bis zum Fangen an allen möglichen Gegenständen. Außerdem lernt die Katze »sprechen«. Beobachtungen lassen vermuten, daß sie etwa ab dem 30. Tag träumt. Außerdem tritt das Treteln auf, wenn sie sich wohlfühlt.

Vierte Periode von der 10. Woche bis zum 6. oder 8. Monat:

Bis zur zehnten Woche sind sämtliche Instinkthandlungen ausgeprägt, mit Ausnahme des Sexualverhaltens. Was das Lernen angeht, so hat die junge Katze die Grundschule hinter sich und ist auf dem besten Weg zur Mittleren Reife. Zwischen dem vierten und sechsten Monat wird das Milchgebiß nach und nach von den zweiten Zähnen ersetzt. Jetzt intensiviert die Katze ihr Beutefangverhalten. Gegen Ende der Periode kommt das Tier in die Pubertät: der Sexualtrieb entwickelt sich. Die Geschlechtsreife unterliegt starken Schwankungen. Manche Kätzinnen werden bereits zwischen dem sechsten und achten Monat rollig, andere später. Kater sind oft im achten Monat soweit, können aber die volle Deckfähigkeit auch erst mit 15 Monaten erreichen. Mit Eintreten der Geschlechtsreife werden die Reviere abgesteckt und »duftend« markiert.

Die Katze und andere Tiere

Die Katze teilt andere Tiere in drei Gruppen ein: in große Tiere, in potentielle Beutetiere und in persönliche Bekannte. Alles, was kleiner ist als sie selbst, wird möglicherweise gejagt. Große Tiere beachtet man am besten nicht oder geht ihnen vorsichtshalber aus dem Weg. Gute Bekannte, ob groß oder klein, werden immer freundschaftlich behandelt. Auf diese Weise kommt die Katze – zumindest aus ihrer Sicht – mit allen anderen Tieren klar. Natürlich wünscht sie nicht unbedingt Konkurrenz im eigenen Heim. Kleintiere werden zwar kaum als solche betrachtet, wohl aber der Hund. Überhaupt ist die Beziehung zwischen Katze und Hund ein Kapitel für sich.

Der Hund – Freund oder Feind?

»Die beiden leben wie Hund und Katz«, sagt der Volksmund von zwei Menschen, die sich ständig streiten. Dabei sind Hund und Katze in Wirklichkeit durchaus zur friedlichen Koexistenz in der Lage – vorausgesetzt, der Mensch übt keinen negativen Einfluß aus. Leider gibt es Leute, die ihren Hund auf Katzen hetzen. Daß dieser Hund Katzen »nicht leiden kann« beziehungsweise sie als jagdbare Beute betrachtet, versteht sich von selbst. Die Katze ihrerseits fürchtet den Hund und flieht normalerweise. Nur ganz selten stellt sie sich ohne Not und geht von sich aus zum Angriff über. Und gegen einen kampferprobten Kater hat selbst ein großer Hund keine Chance.

Wie gut das Zusammenleben von Katzen und Hunden unter weitgehend natürlichen Voraussetzungen funktioniert, habe ich wiederholt in Griechenland beobachtet. Hier gibt es zahllose Hunde, die niemandem gehören und noch mehr verwilderte Hauskatzen. Alle müssen selber für sich sorgen und profitieren im Sommer vom Tourismus. Jede griechische Taverne mit Tischen im Freien wird von Katzen und Hunden belagert. Erfahrungsgemäß haben die hier speisenden Urlauber ein weiches Herz und geben die Reste vom Teller gern an die mageren Tiere weiter. Obwohl es somit »um die Wurst« geht, teilen sich Katzen und Hunde das nahrhafte Revier. Die Tiere gehen dicht aneinander vorbei, scheinbar ohne Notiz zu nehmen, und keines macht dem anderen einen ergatterten Brocken streitig. Diese Friedfertigkeit gilt auch außerhalb des gemeinsamen Interessenbereichs. Kein an einer Hausecke schlafender Hund hebt auch nur den Kopf, weil eine Katze vorbeischleicht. Oft sah ich Tiere nur wenige Meter voneinander in der Sonne liegen.

Möglich ist dieses Verhältnis, weil Katzen und Hunde miteinander vertraut sind. Man kennt die andere Art, schätzt sie richtig ein und akzeptiert sie. Bei uns ist die Situation völlig anders: Katzen und Hunde kommen relativ selten zusammen und haben normalerweise keine Gelegenheit, unbeeinflußt näheren Kontakt aufzunehmen. Kein Wunder, daß der Hund die Katze als hochinteressantes Wesen

Abb. 28: Zu zweit sind wir stark, scheinen die nur wenige Wochen alten Kätzchen zu meinen und sehen der großen Übermacht mutig ins Auge.

Foto: pv/Waschkowitz/Photowettbewerb »Blende '82«

betrachtet, das er gern mal vor die feine Nase bekommen würde. Auch Mieze hat im Grunde nichts gegen eine Bekanntschaft – aber, bitte, ganz behutsam unter Wahrung aller Anstandsregeln. Und damit beginnen die Mißverständnisse.

Katze und Hund haben eine völlig konträre Lebensauffassung und sprechen verschiedene Sprachen. Der Hund ist spontan und führt seine Vorhaben ohne Umschweife aus. Also marschiert er direkt auf die Katze zu und sieht sie dabei auch noch an. Das erscheint dieser äußerst gefährlich. Sie dreht sich normalerweise um und rennt davon. Sofort nimmt der Hund die Verfolgung auf. Erst durch das Weglaufen wird die Katze für ihn zum x-beliebigen Beutetier.

Katzen mit Hundeerfahrung bleiben oft ruhig sitzen. Sie haben ein sicheres Gefühl dafür, ob da ein gefährlicher Katzenkiller oder nur ein neugieriger Vertreter der bellenden Art herantrabt. Der arglos Kontaktsuchende freut sich, endlich einmal einer Katze nahezukommen. Er weiß ja nicht, daß seine freundlich wedelnde Rute bei dem Minitiger Argwohn auslöst. Unter Katzen bedeutet schließlich ein schlagender Schwanz nichts Gutes. Und sofort begeht der Hund den nächsten Fehler: Er hebt ohne viel Federlesen den Schwanz der Katze hoch, um mit kalter Nase die »Visitenkarte« zu kontrollieren. Eine Unverschämtheit! Solche Vertraulichkeiten gesteht Mieze nur sehr guten Freunden zu.

Eine gutmütige Katze dreht sich weg und warnt den Hund, indem sie die Vorderpfote hebt und die Ohren anlegt. Der Hund jedoch kapiert schon wieder nicht, sondern sieht in dieser Geste eine Aufforderung zum Spiel. Und jetzt reicht's der Katze endgültig. Sie holt blitzschnell aus, feuert ein oder zwei gezielte Hiebe auf die Hundeschnauze ab und bringt sich schleunigst in Sicherheit. Der Hund gerät außer sich ob dieser unfairen Attacke und handelt künftig je nach Veranlagung: Der Unbelehrbare macht immer wieder denselben, erfolglosen Kontaktversuch. Der Kluge nähert sich Katzen vorsichtiger oder geht ihnen ganz aus dem Weg. Der Aggressive verhängt Sippenhaft und jagt jede Katze in die Flucht.

Generell fühlt sich eine Katze dem Hund haushoch überlegen – selbst dann noch, wenn er sie gerade auf einen Baum gescheucht hat. Die Katze sitzt oben und blickt verächtlich auf dieses aufgeregt herumtobende Wesen hinunter, das nicht einmal klettern kann. Hat Mieze gute Laune, dann spielt sie gern »Hund provozieren«. Sie schätzt genau richtig ab, wie weit die Kette von Nachbars Schäferhund reicht und spaziert ihm knapp an der Nase vorbei. Er führt natürlich einen Höllentanz auf. Vielleicht simuliert die Katze sogar noch einen kleinen Angriff mit Buckel und Fauchen und so. Erst wenn der Hund voll in Rage ist, gibt die Katze zufrieden auf.

Kater Nero verbrachte zwangsläufig einige Urlaubstage auf engem Raum mit unserem Cocker Cico. Beide Tiere kannten sich zuvor kaum und hielten zunächst respektvollen Abstand. Am Abend des dritten Tages lag Cico dösend auf dem Boden, als plötzlich Nero locker auf ihn zuschritt. Cico rührte sich nicht. Der Kater blieb dicht vor ihm stehen, blickte freundlich, holte dann völlig überraschend aus und versetzte Cicos Nase einen kräftigen Klaps. Nero hatte dabei die Krallen nicht ausgefahren, denn er wollte diesen langweilig herumliegenden Hund nur zu einer Reaktion, zum Spielen provozieren. Cico allerdings betrachtete dies als bösartigen Angriff, und für die restlichen Tage herrschte zwischen den Tieren eine gespannte Atmosphäre.

Es verblüfft, wie gut Katzen selbst fremde Hunde einschätzen können. Ein Beispiel dafür konnte ich in Österreich beobachten:

Wir wohnten samt Hund in einer Pension, zu der auch eine Katze gehörte. Sie hatte mit Hunden zeitlebens schlechte Erfahrungen gemacht, wurde regelmäßig von einem Schäferhund gejagt und als Jungtier sogar gebissen. Als wir uns mit Cico einquartierten, beobachtete das die Katze aus sicherer Entfernung. Doch schon am Abend spazierte sie selbstbewußt ins Wohnzimmer und räkelte sich auf der Couch. Die Katze tat, als gäbe es den Hund gar nicht, der da aufgeregt hechelte und lediglich auf Befehl Ruhe gab. In Wirklichkeit behielt die Katze den Eindringling natürlich ständig im Auge und im Ohr.

Das anfänglich gut getarnte Mißtrauen verflüchtigte sich in den folgenden Tagen immer mehr. Jetzt provozierte die Katze sichtlich und hielt sich häufig in Cicos unmittelbarer Nähe auf. Ich verbot ihm, sich seinerseits an die Katze heranzumachen, denn ich traute dem Frieden nicht recht. Am vierten Tag kam die Katze mit hocherhobenem Schwanz in die Küche und warf sich einen Meter vor Cico auf den Rücken. Das bedeutete für den Hund endgültig grünes Licht, er ließ sich nicht mehr bremsen. Cico ging zur Katze, die völlig bewegungslos liegenblieb, und schnüffelte begeistert den ganzen Bauch ab. Ich fürchtete insgeheim um seine Augen, die in gefährlicher Nähe der Katzenpfoten waren, doch nichts geschah. Schließlich wurde die Sache für Mieze wohl zu feucht. Sie drehte sich langsam auf die Beine, stand auf und wich ein paar Schritte zurück. Damit hatten beide Tiere ihre Neugier aufeinander gestillt und gingen zur Tagesordnung über.

Wenn Katze und Hund gemeinsam aufwachsen, dann entwickelt sich eine richtige Freundschaft. Man lernt die jeweilige Fremdsprache von klein auf – nicht nur verstehen, sondern sogar sprechen. Die Katze benimmt sich teilweise wie ein Hund und umgekehrt. Die Katze fühlt sich allerdings nur diesem einen Hund so eng verbunden. Fremde Vertreter dieser Art werden mit äußerster Skepsis behandelt. Hund und Katze im Erwachsenenalter aneinander zu gewöhnen, ist problematisch, aber nicht unmöglich. Der Mensch sollte möglichst wenig eingreifen, keinerlei Zwang ausüben und die Tiere ihre Angelegenheit weitgehend selbst regeln lassen. Das geht meist schneller als man denkt.

Burgfrieden im eigenen Haus

Der Hund ist für die Katze kein Beutetier. Unter diese Kategorie fallen jedoch Vögel aller Art, Mäuse, Hamster, eventuell sogar Meerschweinchen, Zwerghasen und Fische. Darf man also keine Katze halten, wenn solche Tiere im Haus sind? Doch, man darf. Unterm eigenen Dach herrscht der sogenannte *Burgfrieden*, wie KONRAD LORENZ es nennt. Oder anders ausgedrückt: Wer zur Familie gehört, wird nicht gefressen. Zwar weckt das Flattern eines Käfigvogels oder das Piepsen einer weißen Maus durchaus des Minitigers Jagdlust, doch die Instinkthandlung wird nicht ausgeführt. Im Heim erster Ordnung kommt es zu einer Aggressionshemmung. Selbstverständlich interessiert sich die Katze sehr für die kleinen Kumpane, die sich so lustig und anregend bewegen. Wenn man sie ließe, würde sie wahrscheinlich mit ihnen spielen. Dieser Versuch wurde gemacht, der betroffenen Maus geschah nichts. Aber ich würde die Katze trotzdem nicht allzu sehr in Versuchung führen. Manche Katze hat ihren Lieblingsplatz auf dem Vogel- oder Hamsterkäfig – ein Bild des Friedens. Völlig verändern kann sich die Situation aber bereits, wenn derselbe Käfig vor dem Haus auf der Wiese steht. Bis hierher reicht der Burgfrieden unter Umständen nicht, und die Katze überlegt, wie sie das Beutetier am besten erwischt.

Gefährdet sind auch Fische in einem Gartenteich. So wasserscheu eine Katze normalerweise ist, fürs Angeln kann sie sich begeistern. Bei genügend Übung bringt sie es mit der Zeit auf eine hohe Trefferquote. Der Minitiger lauert am Teichrand, bis ein Fisch der Wasseroberfläche nahe genug kommt. Dann schlägt die Pfote mit ausgefahrenen Krallen zu – die Beute bleibt hängen. Fisch gehört zu Miezes Lieblingsspeisen. Deshalb sollte man Teichränder mit einem Gitter schützen.

Die wenigsten Katzen vergreifen sich an Tieren, die viel größer sind als eine Maus. Wenn eine Katze jedoch Ratten fängt, dann schwebt unter Umständen auch ein Meerschweinchen oder ein Zwergkaninchen, freilaufend im Garten, in Lebensgefahr. Wenn Katzen in der Nähe sind, sollten solche Kuscheltiere immer durch ein Laufgitter geschützt werden, solange sie ohne Aufsicht sind.

Hühner und Enten ordnet die Katze auf Grund der Größe nicht unter die Vögel ein. Als Beute reizvoll sind jedoch die Küken. Große Chancen auf eine Mahlzeit hat die Katze zum Glück nicht, denn Mama Huhn verteidigt ihre Jungen recht erfolgreich. Keine Katze läßt sich ein zweites Mal mit einer wütenden Henne ein.

Lexikon der Fachbegriffe

Abschlagen	– Tatzenhiebe der Katzenmutter, die ihre Jungen mit sechs bis acht Wochen von den Zitzen vertreibt
Aggressivität	– Streit- oder Angriffslust
Analkontrolle	– Beschnuppern des Bereichs unterm Schwanz zum Zwecke des Kennenlernens
Anschneiden	– Zerlegen bzw. Anfressen der Beute
Appetenzverhalten	– bestimmte Tätigkeiten, die zu einer Instinkthandlung führen
Bruderschaft der Kater	– Zusammenschluß von Katern, die gemeinsam ein Gebiet kontrollieren
Brunst	– jene Zeit, in der die Kätzin sexuelles Interesse am Kater zeigt
Dinictis	– erstes katzenartiges Raubtier vor etwa 40 Mio. Jahren
Domestikation	– Entwicklung vom Wildtier zum Haustier
Erleichterungsspiel	– Abreaktion überschüssiger Energie / »Tanz« der Katze nach dem erfolgreichen Kampf mit einem gefährlichen Beutetier
Feliden	– Familie der Katzen
Flehmen	– das Hochziehen der Lefzen, um Gerüche besser aufzunehmen
Hitze	– → Brunst
Individualdistanz	– jener Mindestabstand, bei dessen Unterschreiten eine Katze flieht
Instinkt	– angeborener Trieb

Kaspar-Hauser-Tier	– Katze, die in völliger Isolation aufgezogen wurde
Kastration	– Unfruchtbarmachen des Katers durch Entfernen der Hoden bzw. der Kätzin durch Entfernen der Eierstöcke
Köpfchengeben	– Reiben des Kopfes an den Beinen des Menschen, an Gegenständen oder an Artgenossen
Miaciden	– wieselähnliche Raubtierart vor etwa 50 Mio. Jahren, Urahn sämtlicher Raubtiere
Milchtritt	– tretende Bewegung auf den Vorderpfoten
Neurose	– Störung des seelischen Gleichgewichts
Rangordnung, absolute	– jedes Mitglied einer festen Gemeinschaft nimmt auf Dauer eine bestimmte (niedrige bis hohe) Stellung ein
Rangordnung, relative	– die jeweilige Stellung wird nur vorübergehend eingenommen
Ranzzeit	– → Brunst, Hitze
Rolligkeit	– → Brunst, Hitze, Ranzzeit
Rudel	– fester Zusammenschluß von Tieren derselben Art zu einer dauerhaften Gemeinschaft
Säugetiere	– warmblütige Wirbeltiere, die lebende Junge gebären und sie säugen
Schlüsselreiz	– Auslöser für eine Instinkthandlung
sozial	– gesellschaftlich, gemeinschaftsverbunden
Stauungsspiel	– Spiel der Katze mit einer erbeuteten Maus, um angestaute Energien abzureagieren
Sterilisation	– Unfruchtbarmachen des Katers durch Unterbrechen der Samenstränge bzw. der Katze durch Unterbrechen der Eileiter

stubenrein	– die Katze entleert sich nur in einem Kistchen mit Streu bzw. außer Haus
Treteln	– abwechselnde Trittbewegung der Vorderpfoten
Umkonditionierung	– die Handlung der Katze wird mit bewußter Steuerung durch eine andere Handlung ersetzt
Warmblüter	– Tiere, die ihre Körpertemperatur ständig weitgehend konstant halten (alle Wirbeltiere)
Wurf	– alle Jungtiere einer Kätzin
Zitzenkonstanz	– Bevorzugung einer bestimmten Mutterzitze auf Dauer

Register

143